De kunst om niet perfect te zijn

Ulrike Zöllner

DE KUNST OM *NIET* PERFECT TE ZIJN

Tweede druk

UITGEVERIJ KOK - KAMPEN

© Oorspronkelijke uitgave: Kreuz Verlag Zürich, 2000
Oorspronkelijk verschenen onder de titel *Die Kunst, nicht ganz perfekt
zu sein*

©2001, Uitgeverij Kok – Kampen
Postbus 5018, 8260 GA Kampen
Tweede druk 2001
Vertaling Hans Sleeuwenhoek
Omslag Douglas Design
ISBN 90 435 0316 9
NUGI 711

Inhoud

Inleiding

Sla een willekeurige krant open en u zult ze tegenkomen, de woorden die ons streven naar optimalisering en blijvende economische voorspoed aangeven: kapitaal, resultaat, arbeidsinzet, bruto-opbrengst, rendement, output, zorgkwaliteit of onderwijsresultaat. Waar het ook over gaat, het kwantitatieve aspect speelt steeds een hoofdrol.

Die ontwikkeling is natuurlijk ook van invloed op het denken van ons mensen. Wij maken immers deel uit van deze samenleving die naar optimalisering streeft en we zuigen de basisprincipes in ons op. *Perfectionisme van de mens is het psychologische antwoord op de economische optimalisering.* Onze opvattingen zijn veranderd. We zijn niet meer gewoon mensen, nee, we zien onszelf als het kapitaal en de middelen, waarvan we de opbrengst moeten maximaliseren, zo hoog mogelijk moeten maken. En net als in de economie gaan we voorbij aan de mogelijk negatieve gevolgen voor de toekomst. We zijn onze eigen aandeelhouders en we letten niet of nauwelijks op de persoonlijke of sociale gevolgen die onze race naar steeds hogere resultaten met zich meebrengt. We zien over het hoofd dat levensvreugde, spontaniteit, warmte en betrokkenheid afnemen en we doen wat geringschattend over onze gevoelens van leegte en onzekerheid. We voelen wel de angst om uit de boot te vallen, niet meer mee te kunnen komen, in resultaat terug te vallen, achteraan het peloton te hangen, maar we denken die angst de baas te kunnen blijven door een verhoogde inzet, door prestatiedwang, door ambitie, door een mooier uiterlijk of perfecte lichaamsverzorging.

We komen steeds verder in de spiraal en vrezen soms dat mee blijven doen ons op de duur lichamelijk en geestelijk zal ruïneren. Om de dreigende ineenstorting uit te stellen of te voorkomen, kent de perfectionist geen andere methode dan opnieuw de inzet te verhogen. Doel van dit boek is om andere oplossingen aan te bieden.

Om een verandering tot stand te kunnen brengen is allereerst inzicht en begrip nodig. Eerste opzet is dan ook alle facetten en strategieën van de perfectionist te leren kennen. Daartoe beschrijf ik verschillende types, die steeds weer een andere perfectionistische karaktertrek belichamen. Typering en schematisering zijn uitermate handig om inzicht te krijgen in de handelwijze van perfectionisten. In werkelijkheid bestaan die beschreven types niet zo, want perfectionisten bezitten vaak een combinatie van die typeringen, handelwijzen en karaktertrekken. Het is niet mogelijk de verschillende karaktertrekken los van elkaar te bezien: ze vloeien in elkaar over en vormen samen een wisselend beeld van elke individuele perfectionist. Ik heb het in dit boek steeds over 'de perfectionist', als afkorting van de wat omslachtige omschrijving 'een mens met perfectionistische karaktertrekken'. En hoewel steeds de mannelijke vorm wordt gebruikt geldt de beschrijving natuurlijk ook voor vrouwen.

Wat is perfectionisme eigenlijk?

Stelt u belang in het onderwerp? Hebt u een bekende voor ogen als u die term hoort of leest? Misschien wel iemand als mijnheer Fikkes:

Henk Fikkes is een man die er zich op mag verheugen overal en door iedereen zeer gewaardeerd te worden. Zijn vrienden beschouwen hem als de kameraad op wie je altijd een beroep kunt doen en die zich altijd inzet voor de sportvereniging. Hij neemt vriendschappen en verenigingsverplichtingen zeer serieus en als de nood aan de man is of als er problemen opdoemen kan men altijd bij hem terecht. Wat hij op zich neemt, voert hij nauwgezet uit. Zijn verenigingsadministratie ziet er voorbeeldig geordend en keurig uit. Ook op zijn werk wordt hij door z'n superieuren zeer gewaardeerd om zijn grote inzet. Ook daar kan men altijd op hem rekenen. Zelfs de kleinste routineklussen neemt hij nauwgezet en consciëntieus ter hand. Zijn werkwijze kenmerkt zich door systematiek en structuur. Een nieuwe opdracht doet hij er niet maar even tussendoor; hij bedenkt eerst rustig hoe hij die het beste kan aanpakken, maar dan moet je hem niet storen met weer andere klussen. Men geeft hem die ruimte graag, omdat hij steeds weer overtuigt door zijn nauwkeurigheid en goede resultaten.

Henk Fikkes is een solist met een eigen wijze van werken en in de samenwerking niet altijd even flexibel of bereid tot overleg. Maar omdat hij wel vaak bereid is grote inspanningen te verrichten en extra uren te maken, neemt men hem dat niet al te zeer kwalijk.

In de persoonlijke omgang op het werk is Henk Fikkes altijd beleefd en correct. Zijn collega's vinden hem soms wat saai, want werk gaat bij hem altijd vóór gezelligheid. En Henk Fikkes stelt zich altijd wat terughoudend op bij nieuwe kennismakingen.

In zijn privé-leven zijn twee zaken voor hem van groot belang: de zorg voor z'n gezin en het wielrennen, de hobby die hij intensief en ambitieus beoefent. Hij neemt zijn plichten als vader en echtgenoot net zo serieus als zijn andere taken. En hoewel niemand hem iets kan verwijten komt bij hem zelf wel eens de vraag op of hij zich wel voldoende met zijn gezin bezighoudt. Ook omdat hij zoveel tijd aan zijn hobby besteedt komt de twijfel wel eens boven en voelt hij zich soms schuldig.

11

Zijn vrouw koestert dat grote verantwoordelijkheidsgevoel van haar man en zijn inzet voor het gezin. Maar daarnaast voelt ze zich soms wat beperkt door de zo sterk aan regels en regelmaat gebonden wijze van leven; zij zou wel wat meer spontaniteit, lichtzinnigheid en uitgelatenheid in hun relatie wensen. Al heel lang dringt ze er bij haar man op aan nou eindelijk eens met z'n tweeën naar een nieuw vakantieadres af te reizen, maar Henk wil altijd maar weer naar de van oudsher bezochte plek: 'Hij wil zeker zijn van wat hij kan verwachten!'

Welke van de eigenschappen die we van Henk Fikkes hebben leren kennen zijn kenmerkend voor de perfectionist? Hier volgt een lijstje met begrippen die voor dit soort mensen kenmerkend zijn:

– huishouden, indelen
– ordening, nauwkeurigheid, akelige precisie
– werk, resultaat, einddoel
– controle, dwang, macht, radicaliteit
– concentratie, sterk op iets gericht zijn
– beperking, inperking, voorbehoud, op één punt gericht zijn
– strijd, zich inspannen, lijden
– verlies, storing
– resultaat, hoogst haalbare, het beste
– karakteristieke eigenschappen, persoonlijkheid
– betweterigheid
– overcompensatie
– willen, doen
– zekerheid

Een overvloed aan kenmerken, voor een deel op elkaar lijkend, voor een deel ook tegengesteld. Niet toevallig kost het moeite er een goede volgorde en rangschikking in aan te brengen.

Perfectionisme is een veel gebruikte term. Hij wordt ook steeds vaker gebezigd zonder dat men precies weet wat er allemaal onder valt. Hij is geen psychologische vakterm, maar komt rechtstreeks uit het populaire psychologische taalgebruik. Hij wordt in de klinische psychologie noch in de psychiatrie gebruikt, ook niet om er een groep mensen mee aan te duiden of te omschrijven. Wel spreekt men soms over perfectionistische symptomen bij dwangneurotische mensen. Men doelt dan op het streven naar hogere en de hoogste doelen. Perfectionisten stellen hoge eisen aan zichzelf en/of aan hun omgeving. Ze streven naar het allerbeste, naar het volmaakte, willen onberispelijk en foutloos handelen. Dat is de belangrijkste drijfveer, hoewel ook dat niet het fenomeen perfectionisme volledig verklaart.

Dit streven valt samen met andere karaktertrekken, waardoor een waaiervormig palet van persoonlijkheidskenmerken ontstaat dat vele facetten kent. Die waaier van beelden willen we proberen te ontvouwen. En daarbij zult u meer mensen als Henk Fikkes tegenkomen, die soms dezelfde, soms volstrekt tegengestelde karaktertrekken tonen.

Bent u een perfectionist? Vragen voor een zelfonderzoek

Voor u verder leest en meer te weten komt over de vele facetten van het perfectionisme, zou ik u willen uitnodigen een klein zelfonderzoek te houden. Herkent u zichzelf of een goede bekende in de volgende vragen? Hoe meer positieve antwoorden u geeft, des te duidelijker komen perfectionistische trekken naar voren.

- Voelt u zich vaak alleen en onbegrepen?
- Kost het u moeite om open en zelfverzekerd op andere mensen af te stappen?
- Bent u bang voor en onzeker over wat de toekomst brengt?
- Ervaart u meer dan gemiddelde bezorgdheid en wordt u gehinderd door nogal wat onberedeneerbare angsten?
- Denkt u wel eens: ik wou dat ik de dingen gemakkelijker kon opnemen?
- Vindt u dat u te weinig risico's durft te nemen?
- Gebruikt u vaak de termen 'in het algemeen', 'in principe', 'in wezen' of 'in de regel'?
- Verwachten anderen erg veel van u?
- Stelt u hoge eisen aan uzelf als het gaat om presteren, doelen en resultaten?
- Denkt u dat men u voornamelijk beoordeelt op uw prestaties?
- Voelt u zich vaak onrustig en opgejaagd?
- Vindt u dat u te hard werkt?
- Denkt u ook in uw vrije tijd nog aan het werk dat is blijven liggen?
- Is 'controle' een woord dat u regelmatig gebruikt?
- Vindt u zelfbeheersing en zelfcontrole belangrijke en na te streven eigenschappen?
- Besteedt u veel tijd aan het bij uzelf, bij andere mensen of bij zaken nagaan of alles klopt?
- Betrapt u zich er vaak op dat u bij uzelf of bij anderen allereerst de fouten ziet?
- Voelt u zich niet op uw gemak als u niet voortdurend overzicht kunt houden en van alles op de hoogte bent?
- Beschouwt u kritiek als een belangrijk middel om mensen tot meer prestaties te brengen?

- Is voor u erg belangrijk wat anderen van u denken?
- Gaat u voor uzelf vaak na of u zich correct gedragen hebt?
- Bent u wel eens bang dat u zich blameert of dat u wordt ontmaskerd?
- Vindt u anderen vaak lastig, of schoppen ze vaak uw schema in de war?
- Voert u uw dagtaak steeds op dezelfde manier uit?
- Raakt u verstoord als u moet afwijken van de gebruikelijke gang van zaken?
- Let u erg op uw uiterlijk en op de indruk die anderen van u krijgen?
- Zou u er anders, beter uit willen zien?
- Maakt u zich vaak zorgen over uw gezondheid?
- Bent u meer dan anderen bezig met de vraag hoe u uw gezondheid kunt verbeteren?
- Hebt u veel dingen die u niet kunt weggooien?
- Besteedt u veel tijd aan het opruimen en ordenen van die dingen?
- Zou u ze eigenlijk moeten wegdoen, maar komt u er niet toe?
- Kost het nemen van beslissingen u moeite?
- Legt u zich liever niet direct vast, uit angst de verkeerde beslissing te hebben genomen?
- Zou u vaker spontaner, vrijer en opener willen zijn?

Deugden kunnen ondeugden worden

We willen niet alleen de karaktertrekken schilderen, maar ook nagaan hoe ze tot stand komen en verklaard kunnen worden. Maar eerst moeten we daarvoor drie wezenlijke punten goed in ons opnemen.

De titel van dit hoofdstukje komt uit een citaat van Blaise Pascal: 'Als we deugden tot in het extreme ontwikkelen kunnen ze ondeugden worden'. Dat is de eerste belangrijke aanzet tot begrip. De perfectionist heeft veel individueel en sociaal waardevolle eigenschappen.

In zijn streven naar nog verdere verbetering overdrijft hij echter zozeer dat ze in hun tegendeel verkeren.

– Hij kent geen maat, en
– hij ontdekt de grenzen niet.

Gaat het om de maat in menselijke betrekkingen dan luidt de vraag: 'Hoe veel en hoe groot?'

Hoeveel controle en bemoeienis is nog toelaatbaar?

Hoeveel inzet is nog vereist?

Met hoeveel beperkingen kan ik toch mijn doel nog bereiken?

Antwoord geven op die vragen valt de perfectionist erg zwaar. Hij vreest te snel de verkeerde beslissing te nemen. Hij blijft zó lang aarzelen en gaat zó lang door tot *hoeveel* is geworden tot *teveel*.

Gaat het om de grenzen, dan draait het om het op tijd kunnen stoppen.

Wanneer is het genoeg? Wanneer heb ik genoeg gedaan, genoeg geleerd, genoeg getest en genoeg afgewerkt?

Ook in deze vragen openbaart zich een grote mate van onzekerheid. Ook het antwoord op *wanneer* wordt zó lang vooruit geschoven tot *ooit* vanzelf *nooit* is geworden.

Het vraagstuk van maat en grenzen is een mooi voorbeeld van de normale, gezonde ambitie tegenover de perfectionistische eerzucht en streberigheid.

Ambitie is een positieve eigenschap die mensen in staat stelt de weg naar het einddoel uit te stippelen en uiteindelijk succesvol te zijn. Daarbij moet dat beoogde einddoel wel realistisch en bereikbaar zijn, en de middelen om het doel te bereiken moeten wel met elkaar in overeenstemming te brengen zijn.

Wordt het doel te hoog gesteld – het 'allerbeste', de 'maximale' prestatie – dan ontbreekt een zinvolle begrenzing en moet men almaar doorgaan. Als *veel* inzet uiteindelijk *teveel* is geworden, dan is de gezonde ambitie veranderd in een ongezonde eerzucht, is de ambitieuze persoon een streber geworden, is uit een deugd een ondeugd ontstaan.

Nog een voorbeeld dat de basis vormt van perfectionistische eigenschappen is: de streber is nooit vrij, hij jaagt verbeten het einddoel na, hij zal en hij moet! De eerzucht is een belangrijk bestanddeel van zijn leven geworden. Zij wordt voor hem zelfs het allerbelangrijkste en verbindt zo zijn waarde als persoon aan de zin van zijn bestaan. Zijn eigendunk staat of valt met het bereiken van zijn doelen. Hij laat zich die eerzucht ook niet meer afnemen zonder angst of verzet te tonen. De eenzijdige fixatie beperkt tevens z'n bestaan, want voor andere levensvervullingen is immers geen plaats meer. Zich bezighouden met andere zaken ziet hij als verraad aan zijn streven naar het einddoel, het veroorzaakt schuldgevoelens. Zich minder inzetten leidt tot zich minder waard achten en tot gevoelens van luiheid en falen.

Die problemen rond het stellen van grenzen leiden er vaak toe dat de perfectionist zijn eigenschappen en mogelijkheden niet meer ziet, of ze verkeerd inschat. En het zijn dan met name de waardevolle eigenschappen – ja zelfs zijn deugden – die hij zo waardeloos, ja zelfs tot ondeugden maakt.

Perfectionisten zijn zowel in hun werk als in hun relaties betrouwbaar en correct, ze hebben verantwoordelijkheidsgevoel, zijn plichtsgetrouw en men kan van hen op aan. Ze denken sterk zakelijk en rationeel en hebben oog voor pro-

17

blemen. Ze staan voor hun mening en kunnen die consequent en vasthoudend verdedigen en verduidelijken.

Hun houding in het werk is volhardend, planmatig en doelgericht. Ze stellen heldere doelen die ze met de van hen bekende eerzucht en rechtlijnigheid nastreven.

Voortreffelijke mensen, ware het niet dat ze de noodlottige neiging hebben té veel té goed te willen doen. En zo ontstaat
- uit de zinvolle ordening de overdreven netheid;
- uit de noodzakelijke logica de onbespreekbare starheid;
- uit de verstandige zuinigheid de kneuterige gierigheid;
- uit de gezonde eigenzinnigheid de starre eigenwijsheid;
- uit het doeltreffende overzicht de zinloze controle;
- uit de weldoordachte voorzichtigheid de vormelijke vasthoudendheid aan de planning;
- uit het positieve streven naar verbetering het dwangmatige streven naar optimalisering;
- uit het principiële het rigoureuze absolutisme;
- uit de nuttige zelfkritiek de mopperende bekritisering;
- uit de gezonde eerzucht de fanatieke streberigheid.

Wat leren we daaruit? Perfectionisten hebben geen andere of bijzondere psychische kenmerken. Ze zijn mensen als wij allemaal, maar met één verschil: ze kunnen niet makkelijk grenzen stellen en misbruiken daardoor een paar van hun eigenschappen tot de uiterste consequentie.

De zoektocht naar structuur en duidelijkheid

Perfectionisten hebben in het algemeen een goed analytisch denkvermogen, kunnen exacte redeneringen hanteren en tot heldere oordelen komen. Toch kent hun denken een beper-

king en een zekere oppervlakkigheid, want ze hebben moeite met de veelheid aan aspecten van het bestaan, de keuzemogelijkheden en twijfels in het leven. Daarom ook hechten ze erg aan duidelijkheid en overzichtelijkheid en die vinden ze dan in ondubbelzinnige, duidelijke meningen en stellingnamen. Ze hebben de neiging op een polariserende manier naar ingewikkelde menselijke problemen te kijken. Hun denken gaat uit van de volgende veronderstellingen:
- Er is voor elk probleem een specifiek en helder antwoord.
- Er is voor elk probleem een duidelijke, ondubbelzinnige oplossing.
- Er is voor elk probleem een juiste oplossing.
- Onduidelijke en voorzichtige antwoorden en oplossingen zijn eigenlijk alleen maar compromissen.

Perfectionisten zullen deze typering met kracht bestrijden en van de hand wijzen. Maar om hun gedrag en opvattingen te begrijpen is het goed om dit perfectionistische alles-of-nietsdenken te benoemen. Het uiterlijke beeld van de rechtlijnige, correcte, overbeleefde, goedopgevoede man of vrouw komt voort uit even rechtlijnige en formalistische opvattingen. Ze neigen dan ook naar compromisloze, starre en vaste opvattingen over wat goed of slecht is, wat kan en wat niet kan, wat mag en niet mag.
Ook ons voorbeeld over de gezonde eerzucht tegenover het streberige stoelt op dat alles-of-nietsdenken: ik ben alleen succesvol als ik het gestelde doel – en niets anders – bereik. Al het andere betekent voor mij falen en mislukken. Dat is de opvatting van de gemiddelde perfectionistische streber.
Het is goed om steeds deze vorm van denken voor ogen te houden, evenals de neiging van de perfectionist tot overdrijven. Maar er is nog een derde kenmerk.

De zoektocht naar zekerheid

Hierbij gaat het om de relatie tussen perfectionisme en angst.
Neem een fanatieke opruimer. Zijn motto is: alles moet z'n
vaste plek hebben! Maar waarom moet dat eigenlijk?
De opruimer komt als antwoord op die vraag direct met
argumenten, voert redeneringen aan en somt oorzaken op,
zoals bijvoorbeeld:
- Omdat men dingen dan makkelijker kan terugvinden.
- Omdat je daardoor ook tijd uitspaart.
- Omdat het nou eenmaal opgeruimder staat dan wanneer
  je alles zo maar laat slingeren.

In de psychologie worden zulke argumenten gezien als voor-
wendsels en uitvluchten, want de fanatieke ordenaar en opruimer komt met rationele argumenten en redeneringen om
de werkelijkheid te camoufleren. Het gaat bij hem namelijk
meer om gevoelsargumenten dan om zakelijke overwegingen.
Niet de waardering voor de ordening, het opgeruimde, is het
belangrijkste, maar de angst voor het ongeordende. Wanorde
in kleine zaken is voor hem het begin van een algehele
wanorde. En als hij die wanorde in kleine zaken toelaat voelt
de perfectionist zich op weg naar en overgeleverd aan de
wanorde in grote zaken. Het gaat in wezen om de angst voor
de chaos, de angst voor het onbekende en ongeordende. Daar
moet je je tegen wapenen, daar moet je zekerheden tegenover
stellen. De bijkans heilige ordening der dingen mag geen
barsten vertonen, want dan bied je de chaos een kans om te
overheersen.
De zoektocht naar zekerheden, regels en ordening is daarmee
tegelijk een zoektocht naar de verdediging tegen en de beheersing van de angst. In de praktijk merkt de perfectionist

weinig van die angst, want de verdedigingsmechanismen werken uitstekend. Andere vormen van perfectionisme gaan veel meer met angsten gepaard. De angst wordt dan niet benoemd, alleen maar omschreven als 'zich zorgen maken om...' En zolang de angst op de achtergrond blijft, ervaart de perfectionist die ook niet als stoorzender. Zulke mensen menen dan ook dat zij het gelijk altijd aan hun zijde hebben en stralen een groot gevoel van eigenwaarde uit. Ze denken dat zij voorbestemd zijn om het goede voorbeeld te geven en laten niet na anderen als het ware te overtuigen van hun eigen goede eigenschappen en te adviseren die maar over te nemen.

Veel perfectionisten zijn zich wel bewust van de beperkingen die het streven naar perfectionisme meebrengt, zoals bijvoorbeeld in het opruimen, het ordenen, het schoonmaken en controleren. Maar ze verzetten zich tegen deze opvatting onder verwijzing naar het grote nut van hun handelen voor het algemeen belang. Ze laten zich ook niet gemakkelijk corrigeren en dat leidt vaak tot starheid, tot onwil iets van anderen aan te nemen en tot weinig begrip.

1. Soorten perfectionisten

De perfectionistische piekeraars

Laten we de blik maar eens op het scala van perfectionistische types richten.

Dan zien we allereerst een groep van mensen die opvallen door overmatige bezorgdheid en vrees. Ik noem ze maar de *piekeraars*. In hun gedachten komen steeds weer dezelfde denkbeelden, overwegingen en opvattingen voor, waaraan ze zich maar moeilijk kunnen ontworstelen. Het zijn zorgelijke gedachten die ze soms al dagenlang hebben. Die piekeraars hebben als het ware een draaimolen in het hoofd die ze niet stil kunnen zetten.

Het verwachte onheil begint met vragen als:
– Wat kan er gebeuren (gebeurd zijn)...?
– Wat zou er gebeuren als...?
En eindigt met gedachten als:
– Nou moet ik toch echt...!
– Dat is toch vreselijk en hoe los ik dat nou weer op!

Buitenstaanders zullen die zorgen en angsten zelden delen. Zij hebben het gevoel dat de angsten er met de haren worden bijgesleept, dat ze volstrekt overtrokken en zinloos zijn, omdat ze immers alleen op veronderstellingen berusten. Voor de betrokkenen zijn ze echter realiteit, ze zijn denkbaar en voorstelbaar en dus ook mogelijk. Helaas draait de molen niet steeds bij elke gedachte in hetzelfde tempo, nee, bij elke omwenteling worden de gedachten groter, negatiever, bedenkelijker en bedreigender. De draaimolen maakt ze groter en groter, tot er een soort rampenscenario in het hoofd ontstaat. En dat levert weer nieuwe stof tot piekeren: wat zijn de gevolgen van dat scenario en welke maatregelen kunnen we op korte, middellange en lange termijn bedenken? Veel stof tot nadenken en zorgen dus, vooral in nachten waarin de piekeraar in z'n draaimolen zit en niet aan slapen toekomt. Hét voorbeeld van de piekeraar, zwartkijker en doemdenker ontlenen we aan de 'lucifertheorie' van de Zwitserse liedjesschrijver Mani Matter, die het in zijn 'Ballade van de lucifers' als volgt beschrijft: de gedachtegang loopt van de per ongeluk gevallen brandende lucifer naar een wereldbrand. Voor de perfectionist kan het niet bij een gaatje in het kleed blijven, dat is slechts het voorspel tot een grote ramp.

In werkelijkheid komt het meestal niet zover en hoeft de piekeraar niet echt tot daden over te gaan. Maar goed ook, want hij zou toch niet makkelijk tot handelen komen, hij blijft voortdurend nieuwe problemen bedenken. Bij de piekeraar draait het om alles wat hij kan bedenken, alles wat zich in zijn gedachten al afspeelt.

Rampdenkers

Een concreet voorbeeld van de piekeraar is de rampdenker. De rampdenker beleefde zijn mooiste periode rond de millenniumwisseling. Maar ook de aankondiging van de eindtijd door Nostradamus, in 1999 opgerakeld, is hem zeer ter harte gegaan. De rampdenker bouwt de zin in zijn bestaan alleen maar op uit wat hij zich aan negatieve ontwikkelingen en gebeurtenissen kan voorstellen. Zijn fantasie zorgt voor allerlei rampscenario's, die hij vervolgens tot het bittere einde uitwerkt.

23

Zelfs als een familielid een paar minuten te laat is wordt dat aanleiding voor het uitwerken van een rampscenario. In plaats van eerst aan een onschuldige oorzaak te denken weet de doemdenker al bijna onmiddellijk dat het hier om het allerergste gaat. Hij ziet het overreden lichaam al voor zich, beleeft de verschrikkelijke doodsstrijd en heeft al een beeld van de treurenden om het graf. Maar nog voor hij in staat is te beslissen of hij eerst alle ziekenhuizen dan wel eerst alle politiebureaus moet afbellen, treedt de doodgewaande binnen. En van opluchting begint hij dan de onschuldige laatkomer te verwijten dat deze voor grote opwinding en angsten heeft gezorgd. En tegelijkertijd is hij ook wat teleurgesteld dat deze 'ramp' eigenlijk is veroorzaakt door zo iets gewoons als te laat komen.

Deze keer was de opwinding voor niets, maar de volgende keer kan het toch echt mis zijn. Het gevreesde onheil wordt, zoals in dit voorbeeld, vaak zeer concreet, beeldend en tot in details beleefd. De fantasieën worden bijna werkelijkheid. En daardoor voelt de betrokkene zich uitgedaagd om alle mogelijke voorzorgsmaatregelen te treffen, want het is slechts aan geluk te danken dat het noodlot ditmaal nog niet echt heeft toegeslagen. Bij uitzondering is het goed afgelopen. En daarin vindt de doemdenker ook gelijk zijn belangrijkste argument: 'De volgende keer loopt het vast en zeker niet goed af, heb ik niet het geluk aan mijn zijde, dus moet ik me steeds op het allerergste voorbereiden.'
Het gaat over fantasieën, maar eigenlijk moeten we spreken van analytisch denken, dat op zoek gaat naar elke onverwachte mogelijkheid of wending, teneinde die te kunnen beheersen. Want je kunt je nu eenmaal niet door de gang van zaken laten verrassen. Zwartkijkers en doemdenkers ontleden een werkelijke of mogelijke situatie tot op het allerlaatste bot, nemen alle varianten en mogelijke gevolgen door ten-

einde tot een volmaakte afweerstrategie te komen. De gedachteopbouw is dan vaak zo verbazingwekkend, dat zelfs de partner geen goed argument meer kan bedenken, behalve de hulpeloze constatering dat alles er met de haren bijgesleept wordt. En dat is nou precies wat de perfectionist wil horen. Hij triomfeert en voelt zich in zijn denken bevestigd. Mocht iemand toch nog een argument vinden dat hout snijdt, dan leidt dat niet per definitie tot twijfel bij de perfectionist. Die zwakke schakel in zijn zo sterk geachte ketting van redeneringen zal hem er slechts toe aanzetten de volgende keer nog uitgebreider, nog gedetailleerder te 'piekeren'.

Wat leren we daaruit? Een rationele discussie met een piekeraar, een rampdenker, is contraproductief, omdat die discussie nooit eindigt en nergens toe leidt.

Moraal- en fatsoensridders

We ontmoeten een ander soort piekeraar in de moraal- en fatsoensridders. Hij houdt zich bezig met de persoonlijke rampen van allerlei aard: een kleine fout, de onbeduidende misstap, een vlek op het overhemd of een losse draad aan het colbert. Niemand heeft het gemerkt óf men is het allang weer vergeten. De piekeraar ziet er toch weer een aanleiding in om er een ruïneus optreden in gezelschap uit te construeren. De vrees voor een nieuwe ramp raast door z'n hoofd. Zijn gedachten malen rond en hij stelt zich vragen als:
– Wat heb ik verkeerd gedaan?
– Waar lag de fout?
– Hoe had ik het beter kunnen verwoorden?
– Wat had ik niet moeten zeggen?
– Waar was ik te onvoorzichtig, te open, te goed van vertrouwen?

25

– Wat kan ik ervan opsteken?
– Hoe kan ik zulke gebeurtenissen in de toekomst voorkomen?

Maar deze soort piekeraar houdt zich ook sterk bezig met de algemene opvattingen over moraal, gewoonten, fatsoen en tradities. Hij let er op hoe andere mensen zich tegenover hem gedragen en bedenkt met achterdocht dat hij in gezelschap in het ene geval werd onderbroken en alleen gelaten en in het andere geval onvoldoende werd gewaardeerd. Hij beoordeelt mensen graag op hun omgangsvormen, kent alle regels van fatsoen en behoorlijk gedrag en registreert feilloos de overtredingen van hemzelf en van anderen. Hij heeft het vaak en met nadruk over goed en slecht gedrag en komt makkelijk tot uitspraken als:
– De jeugd kent geen fatsoen meer.
– Alles is slechter geworden.
– De maatschappij verloedert.
Uitspraken die zijn alles-of-nietsdenken illustreren.
Er zijn moraal- en fatsoensridders die zich voornamelijk met de normen en waarden van anderen bezighouden. Ze doen zichzelf voor als de 'onberispelijken'. Een andere groep bestaat uit de fatsoensridders die wel zelfkritiek kennen en zich onzeker voelen. Die daar ook onder gebukt gaan, want zij willen immers in het sociale verkeer perfect zijn. Dat leidt tot veel over zichzelf nadenken en tot een sterke zelfcontrole in de omgang. Bij hen wordt zichtbaar de geestelijke beperktheid die het perfectionisme vaak veroorzaakt. Ze gedragen zich geremd, niet vrij, niet spontaan. Hun omgangsvormen zijn onberispelijk, correct, zoals het hoort, meestal ook gedragen ze zich beminnelijk, maar altijd met een zweem van koelheid en afstandelijkheid. Ze dragen als het ware een

masker, uit angst om toch een keer een fout te maken als ze zichzelf zouden laten gaan. En wij denken dan: jammer van de persoon achter dat masker. Die ontwikkeling zullen we verderop nog uitgebreider bespreken.

De zoekers naar orde, regelmaat en systematiek

Hij is een bekende vertegenwoordiger van de groep perfectionisten. Ook bij hem werkt de gedachtemolen, waarin de onderdelen orde, overzicht, symmetrie en precisie voortdurend ronddraaien.
Belangrijk daarbij is het onderscheid tussen orde en netheid. Onder netheid verstaan we het gedrag van mensen in hun gehele bestaan. Een net mens is in 't algemeen netjes in alles. En daarin verschilt hij van de opruimmaniak, wiens orde en netheid zich voornamelijk op één terrein beweegt: de orde en netheid in de schuur, in de kelder of bij de postzegels. Op andere terreinen kan hij zelfs buitengewoon wanordelijk zijn. Zijn orde is niet gericht op de netheid, nee, hem gaat het voornamelijk om het abstracte van het ordenen en systematiseren: er is iets wat geperfectioneerd kan worden. Hij houdt zich sterk bezig met systemen van ordening en opbergen, hij zoekt naar de beste manier om dingen te rangschikken, blijft derhalve voortdurend opruimen en ordenen en leeft daardoor bijna altijd in wanorde. Andere perfectionisten uit deze groep zetten steeds opnieuw bepaalde voorwerpen op een rijtje, zoals bijvoorbeeld badkamerbenodigdheden, of de potten en pannen op de keukenplanken. Beiden steken veel energie en tijd in het bedenken, perfectioneren en controleren van hun systeem. Ze zoeken steeds naar kleine verbeteringen. Ze verrassen hun omgeving met telkens nieuwe vondsten in hun ordeningsschema's, die ze na veel nadenken en combineren

hebben uitgedacht. Daarbij speelt nut en efficiëntie een ondergeschikte rol. Bepalend is of door dat nieuwe systeem een beter overzicht en meer symmetrie bereikt kan worden. Ze rangschikken graag op basis van formele uitgangspunten: aantal, volgorde, juiste stand en rechte lijnen. Dat ziet er dan als volgt uit:

Een opruimmaniak ordent een boekenplank. Er zijn veel mogelijkheden om uit te kiezen en hij probeert ze allemaal op bruikbaarheid uit:

– kleur, dikte, hoogte, breedte van de boeken;
– 20 boeken per stapeltje;
– uitgever, jaar van uitgave;

De niet-perfectionist zou het makkelijk oplossen door de boeken op een rijtje te zetten in de volgorde van oppakken. Of de nuttige variant kiezen, waarbij de meest gebruikte boeken op de middelste plank worden gezet. Voor de perfectionist is dat een gruwel; hij zou hoofdschuddend voor de plank staan en nadenken hoe hij de ander aan een goed systeem zou kunnen helpen. Hij moet zich beheersen niet zelf die boeken te gaan verplaatsen. En elke blik op dat ongeordende rijtje zorgt voor een onrustig gevoel.

Hoe kan ik nagaan of mijn liefde voor orde al trekjes van perfectionisme vertoont?
Geldt het volgende ook voor u?
Fanatieke ordenaars verafschuwen onderbrekingen in hun ordeningswerkzaamheden. Zo'n onderbreking is bijvoorbeeld een visite. Er doet zich het volgende probleem voor: de bezoekers kondigen hun komst aan en kunnen met goed fatsoen niet afgepoeierd worden. Hoe reageert de perfectionist dan?

- Hij is er niet blij mee, hij beschouwt het als een lastige opgave en als onderbreking van de regelmaat in zijn leven of van zijn ordeningswerkzaamheden.
- Hij begint zich direct al in gedachten met de op handen zijnde gebeurtenis bezig te houden, waarbij zijn overwegingen twee kanten op kunnen:
  1. Welke voorbereidingen kan ik al treffen, zowel voor nu als op langere termijn?
  2. Hoe kan ik dit begin van wanorde opvangen en binnen de perken houden?

Direct na het binnentreden van het bezoek maakt zich een gevoel van onrust en ontevredenheid van hem meester. Dat verdwijnt pas tegen het einde van de visite, als de bezoekers aanstalten maken om op te stappen. Bij het afscheid is hij opgewekt en direct daarna neemt hij weer energiek de onderbroken opruimwerkzaamheden ter hand. Daar leeft hij duidelijk bij op. Als het karwei geklaard is overheerst grote tevredenheid en zelfs een gevoel van gelukzaligheid wanneer hij het resultaat van zijn werkzaamheden overziet. Het bezoek en de uitgewisselde verhalen is hij allang weer vergeten.
De ordenaar is ook altijd tevens een *verzamelaar* en *hamsteraar*. Waarom?
Wie graag opruimt en rangschikt heeft materiaal nodig. En daarom is alles wat bewaard, geteld, geregistreerd, geordend, gerangschikt of opgesteld kan worden voor hem uiterst waardevol. Hij schept er behagen in die voorwerpen op hun plaats te zetten, ze in te ruimen en kaartsystemen en inventarislijsten aan te leggen, die overigens altijd weer beter en mooier opgezet kunnen worden. Daarbij is niet het resultaat bepalend, maar het plezier dat het bedenken en veranderen van de systemen oplevert. De grootste psycholo-

gische factor is namelijk iets te doen te hebben. Een perfectionist van dit type is eigenlijk nooit klaar. Dat is ook wat
hem angst inboezemt: klaar zijn, het einde bereikt hebben,
de vraag 'en wat nu?' te moeten beantwoorden. Hij zorgt
dat hij voortdurend iets op te ruimen of te ordenen heeft,
zodat hij nooit geconfronteerd wordt met de vraag naar de
zin ervan.

Voor deze groep mensen bestaat een karakteristieke term:
schijnijver. Altijd bezig, altijd actief, nooit eens rustend, zo
wordt de schijn van een grote productiviteit gewekt. Het
werkelijke resultaat is echter magertjes en staat in geen verhouding tot de energie die erin is gestoken. Met die schijnijver geeft de perfectionist zijn omgeving te kennen dat hij er
geen verdere opdrachten of verzoeken meer bij kan hebben.
Zijn vlucht in vaak zinloze bezigheden beschermt de onzekere
en snel overvraagde perfectionist voor de eigenlijke opdrachten in het leven. Ook voor hem gaat de uitspraak van Ödön
van Horváth op: 'Eigenlijk ben ik heel anders, maar daar
kom ik zelden aan toe'.

Een voorbeeld voor de ordeningsperfectionisten

Mevrouw Zwaans is weduwe, nog relatief jong en energiek, is
van niemand afhankelijk en woont plezierig in haar eigen huis.
Over haar gezondheid heeft ze geen klagen en ze heeft een ruime
kennissenkring die haar nog heel wat contacten oplevert.

Die contacten gaan meestal uit van de kennissen. Mevrouw
Zwaans heeft niet zo'n behoefte aan gezellig samenzijn. Ze
beschouwt die afspraakjes meestal als tijdrovend en energie-
vretend, maar fatsoenshalve doet ze er aan mee.

Mevrouw Zwaans maakt vaak een gejaagde en gestresste indruk.
Ze klaagt dat ze het zo druk heeft, is eigenlijk altijd in haar huis
bezig, maar zonder enig zichtbaar resultaat. Haar bezigheden
bestaan voornamelijk uit opruimen en ordenen. Keukenspullen

worden van de ene naar de andere hoek verplaatst; soms kan iets 'nog wel even blijven staan', waarna een paar minuten later toch de verplaatsing naar een beter plekje volgt, zonder dat het echt om opruimen gaat. Ze zou eigenlijk wel een hoop van haar spulletjes weg willen doen, zoekt ze dan ook voortdurend uit, pakt ze in en noteert op de doos wat erin zit.

En hoewel mevrouw Zwaans voortdurend klaagt dat ze het zo druk heeft gaat ze nooit in op suggesties om haar te komen helpen. Ze wijst zowel de hulp van thuiszorg als die van haar dochter af; ze wil het graag op haar eigen manier doen.

En haar manier van doen wordt echt duidelijk als ze op reis moet. Weken tevoren maakt ze lijstjes met wat ze nog moet doen en wat er mee moet. En voortdurend worden die veranderd en aangepast. Dagen tevoren legt ze haar reisbenodigdheden klaar, controleert ze dagelijks, verwisselt een en ander als het weer verslechtert of opklaart, en gaat vast 'proefpakken'.

Bij haar laatste reis deed zich een vervelend incident voor: toen mevrouw Zwaans haar reisbenodigdheden van een kleine in een grotere koffer had overgedaan was ze een belangrijk reisdocument vergeten. Ze reageerde daarop met de mededeling dat ze zich de volgende keer nog beter en nauwgezetter moest voorbereiden. Haar dochter verbaast dat niet: ze kent haar moeder.

De hypochonders

We laten de najagers van orde en regelmaat maar even aan hun lot over en bespreken een ander type: de hypochonder. Ook hij behoort tot de categorie rampdenkers. Zijn doemscenario is niet de inbraak en de diefstal van het tafelzilver, ook niet de scheur in het overhemd tijdens een presentatie, maar de hoofdpijn, die het begin van het einde betekent. Hypochonders denken voortdurend aan lichamelijke ongemakken en pijnen, daar draait het bij hen voortdurend om. Ze komen niet los van die gedachten, waardoor hun angsten steeds groter worden. Ze maken zich over de kleinste pijntjes de grootste zorgen, elk onbekend gevoel heeft voor hen het karakter van een levensbedreigende ziekte.

Bij het denken van een perfectionist hoort dat toeval of willekeur niet bestaat, maar dat alles voorbestemd en betekenisvol is. Voor de hypochonder bestaan dan ook geen onschuldige en tijdelijke kwaaltjes, dat zijn symptomen van ingrijpende en levensbedreigende ziektes.

Op zo'n moment begint de hypochonder zijn hele verleden door te spitten en te analyseren hoe een en ander ontstaan kan zijn. Hij verzamelt informatie, gaat op zoek naar een specialist, vraagt om de beste onderzoeken, laat zich niet van de wijs brengen als er niets wordt gevonden, houdt vast aan zijn eigen mening, gaat op zoek naar andere deskundigen en nieuwe artsen, begint met therapieën die zijn situatie zouden kunnen verbeteren, tot de kwaal weer verergert, en begint weer aan iets nieuws als volgende symptomen duiden op een andere kwaal, waarna het hele ritueel opnieuw begint.

Aan hem verwant is de *tobber over het lichaam*. In zijn denkpatroon is het lijf het belangrijkste. In tegenstelling tot de hypochonder gaat het hem dan niet om de functie van zijn lichaam, maar om de uiterlijke kenmerken. Hij ziet regelmatig echte en vermeende afwijkingen, die in zijn gedachten het niveau van een catastrofe aannemen. Zulke afwijkingen kunnen zijn:
– te grote neus;
– te kleine oren;
– te kleine, te grote of hangende borsten;
– te zware heupen;
– te diep liggende ogen;
– vooruitgestoken of juist erg platte kin;

– onregelmatig gebit, te grote, te kleine, of te gele tanden;
– te sluik, te dun, te springerig haar of 'een bos stro'.

Als het lichaamsperfectionisme ook nog samengaat met de wens tot optimaliseren dan ontstaat de 'gekunstelde mens', de schoonheidsmaniak die niet meer loskomt van zijn uiterlijk en steeds op zoek is naar medestanders die hem bevestigen in zijn opvattingen over schoonheid en lichamelijke perfectie, en zich evenzo gedragen.

Reinheidsmaniakken

Er ontbreekt nog een type uit de grote groep mensen die in denken en handelen gericht zijn op één onderwerp, dat beslag legt op hun gedachten, dat hun gedrag bepaalt en naar hun oordeel pas echt zin geeft aan hun leven: het type van de *reinheidsmaniak*.
Slechts één vraag beheerst zijn hele leven: wat kan allemaal vervuild of besmet zijn? Angst voor stof en vuil, of voor ziektekiemen die op de loer liggen en ernstige schade kunnen aanrichten, brengen hem tot overtrokken handelingen die hem veel tijd en energie kosten. Daaronder vallen:
– veelvuldige (vaak dagelijkse) overdreven, soms als ritueel uitgevoerde lichaamsreiniging;
– hoge opvattingen over wat schoon is, ook ten aanzien van z'n omgeving – dat loopt van het eigen ondergoed via de schone badkamer naar alle kleren en de hele woon- en leefomgeving;
– het vermijden van direct contact met (eventueel) besmette materialen – bij handarbeid draagt hij consequent handschoenen, evenals bij het gebruik maken van openbare ruimtes;

- zeer goed geïnformeerd zijn over schoonmaken in het algemeen, met veel kennis over schoonmaakartikelen, hun gebruiksmogelijkheden en werking.

Een voorbeeld van een reinheidsmaniak

Er is een moeder die haar huis zó schoon maakt dat het – en dat is niet verrassend – van binnen en van buiten bijna op een operatiekamer lijkt. De muren zijn even smetteloos wit als de inrichting, De tegelvloeren zijn van badkamer tot aan kelder wit van kleur. Er mag zich geen vuiltje, stofje, mijt of bacterie in het vloerkleed bevinden. Ze houdt voortdurend een tissue bij de hand om kleine ongelukjes onmiddellijk te herstellen. Het speelgoed van haar dochtertje wordt minstens eenmaal per week in de vaatwasser gereinigd, speelgoed uit de zandbak zelfs elke avond.

Er wordt een vos in de buurt gesignaleerd, die wellicht ook in haar tuin geweest is. Grote opwinding. De vos moet worden gejaagd en afgeschoten want het gevaar dreigt dat men een lintworm oploopt. Het kind mag pas weer in de zandbak nadat die helemaal leeggehaald, gereinigd, gedesinfecteerd en opnieuw gevuld is. En het wordt het meisje verboden bloemen te plukken, aan grassprieten te komen of met de handen in de aarde te wroeten.

Naast de smetvrees en de angst voor vuil vertoont deze moeder nog meer perfectionistische kenmerken: uit het voorval met de vos wordt ook haar neiging tot catastrofaal denken duidelijk. En natuurlijk is ze een ordenaarster-eerste-klas, die bij voortduring met het schoonmaken en opruimen van haar huis bezig is. Ook opmerkingen als 'je zou het huis moeten kunnen inpakken, zodat het niet steeds weer vuil wordt' of ' als iemand een verkeerde kleur schoenen bij zijn pak draagt valt mijn blik daar voortdurend op en zou ik de betrokkene eigenlijk willen vragen ze direct uit te trekken' geven de aard van haar perfectionisme aan.

34

Reinheidsperfectionisme en het moraal- en fatsoensdenken gaan vaak hand in hand: zo schoon als het huis is ook de morele inborst. Misschien zelfs nog meer dan schoon, namelijk onberispelijk. De volksmond drukt dat goed en treffend uit met 'proper en zindelijk'.

Bij een reinheidsmaniak kan ook het rampdenken nog het volgende opleveren: hij voelt zich in zijn gezondheid bedreigd door onzichtbare, voor een deel nog onbekende en dus uiterst gevaarlijke doodsveroorzakers. Deze bevinden zich in en op bouwmaterialen, oplosmiddelen, schoonmaakartikelen(!), verfstoffen, insecticiden en afvalproducten, en werken ook door elektromagnetische straling en radio- of microgolven. Wetenschappelijke argumenten ter geruststelling helpen dan niet; het gaat ook niet om een beredeneerbare zaak. Het gaat erom dat steeds opkomende angsten en gevoelens van dreiging, die een minder stevige persoonlijkheid in deze steeds ingewikkelder samenleving ervaart, zich koppelen aan gebeurtenissen die spelen. Bepalend is ook hier het 'lucifereffect'. Niet de concrete en werkelijke dreiging maakt iemand tot perfectionist, maar de veronderstelde en angstaanjagende gevolgen. Het perfectionisme houdt van modieuze ontwikkelingen en volgt die op de voet. Bovendien is er een sterke relatie met de tijdgeest.

– *Dat* perfectionisme zo wijd verbreid is komt vaak doordat de omgeving geen echte, werkelijke bedreiging meer oplevert, zodat men gekunstelde en bedachte bedreigingen nodig heeft om uitdrukking te kunnen geven aan zijn angsten.

– *Hoe* het perfectionisme zich uit, welke vorm het aanneemt, hangt van de tijdgeest af: wie nooit van bacteriën gehoord heeft zal zich daar ook niet door bedreigd voelen. De rol die vroeger asbest had, is nu overgenomen door de elektrostraling.

Perfectionisten zijn vaak ook gewone, gemiddelde mensen: ze willen niet opvallen, niets verkeerd doen en passen zich in hun angstgevoelens ook aan de daarvoor geldende normen aan: men lijdt onder de angst waarover geschreven en gesproken wordt, die in de mode is, die iedereen ook wel kent en herkent. Perfectionisme is dan ook een groepspsychologisch fenomeen.

De actieve perfectionisten

De perfectionistische piekeraar pleegt, zoals we hebben gezien, ook handelingen, maar het belangrijkste speelt zich in zijn hoofd, in zijn gedachten af. Het zijn de denkprocessen die van een gewone gebeurtenis een ramp maken, wat weer tot voorzorgsmaatregelen en mogelijke gevolgtrekkingen kan leiden. Het 'lucifereffect' is steeds weer *het* voorbeeld voor de piekeraar, de doemdenker.

Voor de actieve perfectionisten staan echter steeds de handelingen centraal: zij denken minder, handelen des te meer. Waar de piekeraar zijn vrees voor wanorde, voor besmetting of voor de dreiging van een onbekend gevaar door beredeneerde voorzorgsmaatregelen probeert weg te nemen, daar zal de actieve perfectionist die angsten proberen te verminderen door daden te stellen.

Zijn model is het 'domino-effect': één simpele handeling veroorzaakt weer volgende gebeurtenissen. Uit de begrijpelijke zorg of het zojuist gebruikte strijkijzer wel echt uitgeschakeld is, of de kelderdeur wel echt dicht is – de eerste dominosteen – ontstaat een systeem van controlehandelingen dat steeds meer voorwerpen en situaties omvat. Hoe meer dominostenen er kunnen omvallen, des te langer moet de ketting met onbreekbare schakels worden, waaraan je je kunt blijven vast-houden. Het prototype van de controleur ziet het levenslicht. Zo'n type als meneer Martens.

Controleurs en bemoeiallen

Mijnheer Martens woont in een wijk met eengezinswoningen. De kavels zijn niet precies afgebakend en een groot deel is een soort gemeenschappelijk terrein gebleven. Mijnheer Martens houdt van orde en netheid. Niet dat hij bij voortduring en overal in huis boeken, voorwerpen en cd's opruimt en ordent, daarin kan hij een zekere wanorde wel accepteren. Nee, zijn opruim-woede richt zich steeds op de wanorde in de natuur. Daarbij gaat het hem niet om het onkruid in de bloemenborders of de grassprieten tussen de tegels, maar hij kan niet tegen het wan-ordelijke en onopgeruimde natuurlijke landschap.

En dus is de heer Martens vele uren buiten, in regen, sneeuw, vorst of brandende zon, om op te ruimen: afgebroken takken oprapen, gevallen bladeren bijeen vegen, stenen weghalen, eigenwijs opschietende sprieten wegsnijden, het rondzwervende huisvuil van de buren verwijderen, afval van de voorbijgangers oprapen en de schade door spelende kinderen herstellen.

Wat hij erg graag doet – hoewel hij dat niet snel zal toegeven – is zijn inspectieronde maken, op zoek naar mogelijke werk-zaamheden. Hij staat elke werkdag, elke zon- en feestdag op het-zelfde vroege tijdstip op en lijkt tijdens zijn dagelijkse ronde op de kater die zijn territorium inspecteert. In de loop der tijd heeft hij zijn controlegebied steeds uitgebreid en is zich als het ware voor een steeds uitgebreider terrein verantwoordelijk gaan voelen. En op die manier nemen controle en opruimwerkzaam-heden steeds meer tijd in beslag.

Mijnheer Martens klaagt nu over het vele werk, dat hem geen tijd meer laat voor andere vormen van vrijetijdsbesteding en voor sociale contacten. Maar 'als ík het niet doe gebeurt er niets. Dan blijft alles gewoon liggen!'

Mijnheer Martens klaagt er wel over, maar niet omdat hij de zin van zijn eigen handelen in twijfel trekt, of de mate waarin hij zich ermee bezighoudt overtrokken vindt. Nee, hij klaagt over het onbegrip, de gedachteloosheid, de luiheid en de zorgeloosheid van zijn medeburgers; allemaal ondeugden die hém zoveel werk bezorgen. En eigenlijk ergert hij zich ook aan de ongebreidelde veroveringsdrift van de natuur die steeds weer een aanslag pleegt op zijn gevoel voor orde en netheid.

Overigens zijn die medeburgers maar wat blij dat de natuur, waar zij zich zelf niet zo erg om bekommeren, hem de gelegenheid geeft zijn opruimwoede te koelen. Want waar zou deze controleur en opruimer zich op gaan storten als die natuur er niet was?

Mijnheer Martens behoort tot de subgroep van de *omgevingscontroleurs*. Zij verwachten dat hun omgeving zich op dezelfde manier gedraagt als zij en de zaken afwerkt op dezelfde manier als zij doen. In deze omgevingscontroleurs herkennen we de kleine en grote dictators onder ons. Ze zijn overtuigd van de juistheid van hun opvattingen en principes, willen dat ze algemeen worden nagevolgd, en controleren dan ook voortdurend of dat het geval is.

Maar dat is niet alles. In hun controle ligt ook een vorm van wantrouwen besloten. Omdat je nou eenmaal niemand kunt vertrouwen moet je steeds weer blijven controleren. De achterdocht zorgt er bij deze soort perfectionisten ook voor dat ze steeds complotten verwachten en proberen die te voorkomen of te doorkruisen. Hun zucht naar controle is eigenlijk een mislukte poging zich tegen de eigen argwaan en achterdocht te wapenen. Maar daardoor ontstaat juist een volgend probleem. Het wantrouwen en het gebrek aan tolerantie, samen met het geringe inzicht in situaties waarin ze verzeild raken, veroorzaken bij hun omgeving een reactie tot vermijden. Ze proberen de omgevingscontroleur te ontlopen en bespreken dingen achter zijn rug. En daarmee wordt voor de omgevingscontroleur de vicieuze cirkel steeds groter.

Om deze groep mensen en hun daden goed te begrijpen is nog een ander aspect belangrijk. Alle perfectionisten hebben moeite met gevoelens. Ze zijn emotioneel beperkt, maar rationeel juist overgeconcentreerd, vaak arrogant, betweterig en zeer kritisch, soms ook wel gevoelsarm. In de sociale omgang zijn ze vaak beschouwend, reactief en weinig spontaan. Het zijn nou eenmaal geen mensen die de harten van anderen snel veroveren. Dat weten of vermoeden ze zelf ook wel. Ze vragen zich vaak af – van hun kant begrijpelijk – of mensen die hen hartelijk bejegenen dat ook werkelijk menen. Hun twijfel leidt er toe dat ze zich niet altijd geliefd weten. Uit een zekere angst om zich emotioneel aan personen uit hun omgeving te binden nemen ze hun toevlucht tot waar ze zich op hun gemak en zeker in voelen: de rationele en cognitieve middelen als weten, taal en denken. Ze controleren, bewaken, overzien, beschouwen en registreren. Ze bepalen omgangsvormen en dwingen die ook af. Eén ding kunnen ze niet: onzekerheid toelaten. Want een hart vol twijfel kan niet grootmoedig en ruimdenkend zijn.

Laten we nog eens teruggaan naar mijnheer Martens en zijn controlerondes. Ze voltrekken zich altijd volgens schema en worden toch niet tot een ritueel. Het gaat mijnheer Martens er alleen maar om tijdens zijn ronde systematisch, en zonder iets over het hoofd te zien, orde en wanorde te registreren. Het gaat hem uiteindelijk om het resultaat van zijn ronde en niet om de controleronde zelf.

Dat is anders bij de ritueeldenkers onder de perfectionisten.

Bij hen staat het ritueel voorop, het goedbevonden resultaat van een handelwijze die controle over en vermindering van angst oplevert. Niet het eindresultaat is belangrijk of geeft bevrediging, doch slechts de rituele handeling zelf. Hoe verloopt die?

Ritueelverslaafden

Perfectionisten uit deze categorie zijn meestal niet de doorsnee bekrompen sleuraanhangers, de stereotiepe duffe doeners die altijd in dezelfde routine vervallen, omdat ze niet op originele ideeën komen. Nee, zij zijn anders, omdat hun patroon van handelen onderdeel is van een belangrijke psychosociale functie.

De gewoontemens leeft in een systeem waarin hij bijvoorbeeld elke dag op hetzelfde tijdstip en via dezelfde route zijn postbus gaat legen. Zijn stemming wordt daardoor niet beïnvloed. Die verandert niet door de gang naar de postbus zelf, hooguit door het nieuws dat hij tussen zijn post vindt. De ritueelaanhanger verkeert vooraf in een andere stemming dan ná het ophalen van zijn post. Voor hij zijn ritueel kan afwerken is hij gespannen en angstig, voelt hij zich onrustig en bezorgd. Misschien is hij zich dat niet eens bewust. Hij voelt slechts de druk om zijn rituele handeling, het dagelijks ophalen van zijn post, ook nu goed uit te voeren en na afloop is zijn humeur aanzienlijk verbeterd. Maar als hij wordt gehinderd in zijn ritueel handelen dan stijgt de spanning en wordt het verlangen naar minder spanning, steeds groter. En minder spanning is alleen maar te verkrijgen door het consequent uitvoeren van dat ritueel. Men zegt ook wel dat rituelen kunnen leiden tot een vorm van crisisbeheersing in angstige situaties.

Echte rituelen worden ook niet zo gemakkelijk afgewerkt als de gewone dagelijkse gang naar de postbus. Om te bereiken dat ze ook werkelijk de verandering van angstige spanning naar juichstemming veroorzaken, moeten ze als het ware plechtig beleefd worden, zoals een kerkdienst of hoogmis. De magische uitwerking, namelijk de verlossing uit de angst en de daaropvolgende geruststelling, ontstaat pas als de volgorde van de handelingen een bijna religieus karakter krijgt, als ze wordt gezien als een soort zelfgecreëerde eredienst. Dat betekent in ieder geval zich houden aan de vaste opeenvolging van handelingen. Maar er is meer nodig. Alle ogenschijnlijk onbelangrijke details moeten evenveel aandacht krijgen als de belangrijke handelingen. En dat vereist grote concentratie en zelfbeheersing. Het volgende voorbeeld zal u dat duidelijk maken:

Mijnheer Kemper is een liefhebber van auto's. Hij heeft een speciale band met zijn gemotoriseerd vervoermiddel opgebouwd. Vaak zegt hij het jammer te vinden dat zijn werkplek zo dicht bij zijn huis is. Hij zou eigenlijk liever met de auto naar z'n werk gaan dan te voet, zoals hij nu doet. En dan ook nog een omweg maken. Hij verheugt zich op de zaterdagmorgen, als hij de tijd neemt om zijn auto aan een uitvoerige controle te onderwerpen, alles na te lopen en 'm te wassen en te poetsen. Die wasbeurt – zo legt hij vaak aan anderen uit – geeft hem de mogelijkheid de stress van het werk te vergeten en zich op het weekeinde voor te bereiden.
En daarom begint hij aan die rituele was- en onderhoudsbeurt zelfs ook als de auto de hele week niet gebruikt is. Mijnheer Kemper wast niet zijn auto omdat het nodig is, maar is bezig met een rituele handeling. Het valt de omstanders direct op dat het om bijna gewijd handelen gaat. Dat is bijvoorbeeld te zien aan de overgave waarmee hij het chroom poetst.

41

De buitenstaander doet er goed aan de opmerking voor zich te houden dat de bumper eigenlijk al schoon en glimmend genoeg is. Zo'n opmerking is bijna heiligschennis en kan grote gevolgen hebben: voor mijnheer Kemper zou dan het weekeinde en ook de hele volgende week bedorven zijn. Hij zou zich niet prettig voelen en er waarschijnlijk ook redelijk agressief op reageren. Maar als mijnheer Kemper zijn rituele handelingen ongestoord en volgens zijn eigen patroon kan afmaken dan raakt hij in een opperbeste stemming en voelt hij zich geestelijk erg op z'n gemak. Hij gaat vol vertrouwen en ontspannen het weekeinde en de daarop volgende week in.

'Waarom is die mijnheer Kemper nou zo vol vertrouwen in de toekomst?' vraagt u zich wellicht hoofdschuddend af. Dat komt omdat hij door het uitvoeren van deze rituele handelingen voldoende zekerheden heeft opgebouwd en voldoende seinen op groen heeft gezet om onverwachte gebeurtenissen te voorkomen of het hoofd te bieden. Juist bij de ritueelfanaten wordt duidelijk dat deze in wezen zo rationeel en zakelijk ingestelde perfectionisten, die vaak zoveel indruk maken door hun analytisch denkvermogen en hun voortreffelijk inzicht, in hun cognitieve functies als het ware op een lager niveau zijn blijven steken: ze denken sterk magisch-animistisch zoals kleuters en natuurvolkeren. Hun rituelen ontmaskeren hen: het weloverwogen en doelmatige dat ze in hun gedrag zo benadrukken, is vaak schijn. De vakterm daarvoor is rationalisering.
Dat wordt nog eens extra helder als het functionele wordt verdrongen door het formele. In veel rituele handelingen is nauwelijks een bedoeling of een zakelijk motief terug te vinden. En als het rituele zinloos en functieloos is, toont het zijn ware gezicht: het is louter een mechanisme om de gemoedstoestand te beheersen, om de emotie te regelen.

Dat blijkt uit het voorbeeld van mevrouw Tempel:

Mevrouw Tempel is midden dertig. Ze heeft een goede school-opleiding gehad en kwam terecht in een beroep dat haar voorliefde had. Ze gaf jarenlang leiding aan een modezaak, tot ze een liefhebbende man trouwde en sindsdien de leiding heeft over haar veeleisende huishouden. Het huwelijk bleef kinderloos. Beide partners houden van een gedegen en beschaafde stijl van leven en van een gastvrijheid op niveau.

Dat kan mevrouw Tempel allemaal goed aan. Haar huis heeft, evenals zij zelf een smaakvolle, niet opzichtig dure uitstraling, met een zekere persoonlijke herkenbaarheid.

Mevrouw Tempel leidt een buitengewoon geregeld bestaan. Elke dag van de week heeft z'n eigen regelmaat. Ze heeft voor het werk in huis en tuin geen hulp, omdat anderen niet aan haar hoge kwaliteitseisen kunnen voldoen. Enkele pogingen om extra moeilijke en lichamelijk zware werkzaamheden aan anderen over te laten mislukten en hebben mevrouw Tempel gesterkt in haar opvatting dat ze het maar beter zelf kan doen.

Haar zorg voor een goed verloop van de dagelijkse werkzaam-heden leidt ertoe dat mevrouw Tempel voortdurend bezig is en tegelijkertijd weinig flexibel is in haar dagindeling. Ze veroor-looft zich geen spontane uitstapjes: ook voor de sociale contac-ten heeft ze een vaste dag.

Mevrouw Tempel trekt er niet graag op uit en houdt al helemaal niet van de voorbereidingen of het inpakken. Die bederven eerder haar vakantiepret. Om haar huis spic en span en keurig opgeruimd te kunnen achterlaten, geeft ze het aan de vooravond van het vertrek nog eens een goede poetsbeurt.

Een dagelijks terugkerende bezigheid is het hele huis schoonma-ken en opruimen. Ze doet dat volgens een vast schema, dat inmiddels lijkt op een dagelijks ritueel. Mevrouw Tempel be-roemt zich er vaak op dat ze erg lang is bezig geweest om die dagelijkse routine te verbeteren. Ze vertelt soms wat beschaamd hoe ze bijna niet kan wachten tot haar man het huis verlaten

heeft, waarna zij een begin kan maken met opruimen en ordenen. Het ergste zijn de dagen waarop hij wat later naar kantoor
gaat, want dan raakt ze al snel achter op haar schema.

Na de ronde door het huis is mevrouw Tempel vaak in een opperbeste stemming. Ze vertelt hoe ze vaak door de schoonge-
maakte en opgeruimde kamers loopt, in ogenschouw neemt hoe
verzorgd alles er uitziet, en zichzelf als het ware complimenteert
met de plichtsgetrouwe wijze waarop ze dat werk weer heeft
geklaard.

Haar verstand zegt dat ze aan deze, elke morgen terugkerende
schoonmaakprocedure eigenlijk teveel tijd spendeert, omdat het
niet werkelijk nodig is. Ook ervaart ze dat ze daardoor in haar
overige activiteiten beperkt is, ze weet van zichzelf dat ze niet
erg flexibel of spontaan is. Ze weet ook dat leuke nieuwe ontwikkelingen haar eerder ergeren en belasten dan haar plezier
opleveren. Ze zou er eigenlijk graag vaker op uit willen trekken
en in contact komen met anderen, maar 'als ik 's morgens naar
mijn werk zou moeten kom ik niet aan de dagelijkse schoon-
maak toe. En ik kan niet de deur achter me dichttrekken
zonder dat alles gestoft en gezogen is. Stel je voor dat er
iemand inbreekt en de rommel ziet, dat zou ik niet kunnen verdragen!'

Regelfetisjisten en beginselmaniakken

Een subgroep van de ritueelmaniakken vormen de regelfetisjisten. Ze zijn de actieve broertjes van de ordenaars. (En
ook de beginselmaniakken, zij die principes heilig verklaren,
behoren tot die familie.)

Waarom noemen we hen regelfetisjisten? Een fetisj is een afgodsbeeld, een heilig voorwerp waaraan magische krachten
toegeschreven worden. We hebben inmiddels de relatie leren
kennen tussen perfectionisme, schijnreligiositeit en magische
denkpatronen. De perfectionist is te rationeel om voorwerpen

44

te vereren, tot fetisj te maken. Hij doet dat liever met abstracte zaken als principes, structuren of ordening.

De wereld van de regelfetisjist bestaat uit duidelijke en overzichtelijke patronen. Dat moet ook wel, want daardoor worden hem zekerheden aangereikt. Het alles-of-niets-principe geeft een niet voor tweeërlei uitleg vatbare richtlijn. Goed, waar en positief is wat bij het principe behoort, negatief, fout en lelijk wat tegen het principe ingaat. Daarmee zijn ook gelijk de grenzen bepaald. Woorden en begrippen als nuances, halve waarheden, grijs gebied, afgeschermd terrein, ambivalentie en gezichtspunt komen niet in het woordenboek van de regelfetisjist voor. Zijn meest geliefkoosde woorden zijn 'óf het één, óf het ander' en daar zit niets meer tussen.

Is de regelfetisjist een onvervalste betweter? Als men let op starheid, rigiditeit en eenzijdigheid van deze categorie perfectionisten is het antwoord ja, mits men de term 'onvervalste betweter' maar niet als stereotiep ziet. Want zoals de ritueelmaniak niet alleen maar gewoontedier is, zo is de regelfetisjist niet alleen maar haarklover en scherpslijper. De betweter is geobsedeerd door details. Hij verliest zichzelf in de allerkleinste en minst relevante aspecten, waardoor hij het grotere totaal compleet uit het oog verliest. De perfectionist die principes vereert houdt daarentegen juist oog voor het totaal – de heilige regel, het verheven principe – want het detail is niet belangrijk. Dat kan niet voor uitzonderingen zorgen of excuses opleveren, geen verzachtende omstandigheden aanreiken of argumenten ter rechtvaardiging. Bepalend is het afgodsbeeld 'principe'. Zijn dienaren op aarde moeten het onvoorwaardelijk in ere houden. Zij maken daarbij geen onderscheid tussen vriend of vijand, vrouwen of kinderen, voor hen is alleen bepalend of men zich aan de regels wil houden en wetsgetrouw is.

Ook de regelfetisjist kan met een zekere luchthartigheid over zijn probleem praten. Net als alle andere perfectionisten beheerst hij de kunst van het mooipraten, ook hij gebruikt veelvuldig het karakteristieke woordje 'maar'. 'Ik weet dat ik soms veeleisend ben en hard in mijn oordeel, en natuurlijk levert dat ook foutjes op. Maar het gaat niet om zomaar iets, het gaat om een principiële kwestie.' Het probleem is echter dat er voor hem naast, onder of boven het principe niets anders bestaat.

Kankeraars en criticasters

De familie der controleurs, regelfetisjisten en beginselmaniakken heeft nóg een lid, die in het algemeen weinig geliefd is, namelijk de kankeraar. Wie zijn perfectionisme uitoefent in rituelen, in zelfcontrole of in eigen ordening en schema's, is zijn omgeving meestal slechts indirect tot last. Men beschouwt hem vaak als in zichzelf gekeerd en wat afwezig.

Dat gaat bijvoorbeeld op voor mijnheer Martens met zijn controlerondes en ordeningsrituelen. Zijn omgeving heeft geleerd zijn herhaalde klaagliederen over werkdruk naar hem zelf terug te spelen: 'Daar hebben wij toch geen deel aan, het is jouw probleem. Als jij zo nodig voor anderen karweitjes wilt opknappen moet je bij ons daar niet over komen klagen. Het is je eigen keuze, op ons medelijden moet je niet rekenen.'

Voor de omgeving van de kankeraars is dat heel anders: zij hebben heel wat te verduren, want zij zijn de directe slachtoffers van de perfectionist. Dat blijkt wel uit het voorbeeld van mijnheer Bergen.

De kankerende chef

Mijnheer Bergen beschrijft omstandig de problemen die hij heeft met z'n chef. Bergen is een middentwintiger, die als ambtenaar in een klein team werkt. Hij beschrijft zichzelf als een opgewekt en onbekommerd type die als voornaamste levensfilosofie heeft: 'werk en vrije tijd zijn even belangrijk'. Hij doet zijn werk in het algemeen zorgvuldig, maar kan er ook wel eens de kantjes vanaf lopen of minder nauwgezet zijn. Als het werk het vraagt maakt hij ook wel overuren, maar zeker niet als regel.

Deze opvattingen worden hem door zijn chef niet in dank afgenomen. Die werkt in principe altijd over en eist deze 'normale' werkhouding ook van zijn medewerkers. Men kan het hem niet makkelijk naar de zin maken. Extra moeite en inspanning kent 'ie niet, beloont 'ie ook niet, vindt hij eerder normaal en gebruikelijk.

Mijnheer Bergen heeft zijn aanvankelijke pogingen om in de ogen van zijn chef acceptabele prestaties te leveren, inmiddels gestaakt. Gewone en gemiddelde prestaties worden immers op dezelfde manier gewaardeerd. Volgens mijnheer Bergen kan niemand het zijn chef naar de zin maken, de man heeft altijd en eeuwig commentaar op alles. Hij ziet nooit eens de positieve kanten van iets, hij begint altijd eerst over de tekortkomingen. Een ander probleem van zijn chef is volgens mijnheer Bergen dat hij hoofdzaken niet van bijzaken kan scheiden. Zelfs de kleinste details zijn voor hem van het allergrootste belang. Hij verwacht dat die op dezelfde nauwkeurige wijze en met dezelfde inzet worden aangepakt als de grote problemen.

Volgens mijnheer Bergen demotiveert zijn chef door die houding en instelling zijn hele omgeving. De meeste medewerkers zijn al snel weer verdwenen en wie toch langer blijft heeft het inmiddels al opgegeven om zijn best te doen.

Mijnheer Bergen heeft de pech dat zijn chef niet alleen een criticaster is, maar ook een krentenkakker. Het vraagt heel wat begrip, afstand en zelfstandigheid om in de buurt van zo'n man onbeschadigd te overleven.

Wat zijn de psychologische kenmerken van deze groep?

Een criticaster kankert omwille van de kritiek. Zijn levenswerk bestaat uit het ontdekken van kleine en nog kleinere fouten. Door zijn insectenogen ziet hij het dichtstbijzijnde en kleinste onderdeel tot in het oneindige uitvergroot. Hij is ook kleingeestig. Zijn bekrompenheid laat geen ruim denken, voelen en handelen toe. Details worden overdreven zwaarwichtig bezien. Kritische opmerkingen worden soms tot een vorm van afkraken die niet op z'n plaats, niet terecht, ja zelfs onrechtvaardig is. De bekritiseerde voelt zich dan niet serieus genomen, eerder persoonlijk aangevallen en neergesabeld. We noemen dat ook wel muggenzifterij.

Deze karaktertrek is ook kenmerkend voor de krentenkakker, een woord uit de omgangstaal, maar hier zeer op z'n plaats. Er wordt een kleingeestig denkend en handelend persoon mee aangeduid, die weinig wijze en zinvolle woorden spreekt. Wel woorden die eigenlijk niet het vermelden waard zijn, maar die hij zelf als parels van de geest beschouwt en die hem dus de bevoegdheid en deskundigheid verschaffen om anderen streng te bekritiseren.

De criticaster is ook een maximalist, een type dat we verderop nog wat beter leren kennen. Hij denkt van zichzelf dat hij al op de hoogste trede staat en wil de mensen graag naar zijn niveau optrekken omdat hij overtuigd is dat het voor hen beter is. Een van zijn uitspraken zou kunnen zijn: 'Ik verlang van anderen hetzelfde als wat ik zelf presteer.' Maar vaak is hij iemand die blijft steken in zijn eigen eerzucht. Hij stelt dan eisen, zonder zelf iets bij te dragen. En dan wordt zijn gemopper en gevit nog stuitender omdat het komt van iemand die zelf faalt.

Op deze groep mensen, deze mopperaars en criticasters met hun kleingeestige karakters, is het laconieke spreekwoord van toepassing: 'Wie geen fouten maakt heeft niet geleefd.' In wezen is iemand die zich zo bezighoudt met foutloos zijn en foutloos leven eerder psychisch beperkt en levenloos, hoe vitaal en levenslustig hij zich ook mag voordoen via zijn kritiek, zijn provocerende opmerkingen en zijn verontwaardiging over fouten van anderen.

Strevers naar het maximale

De strever naar het maximale is de perfectionist bij uitstek. Ik beschrijf hem op de volgende wijze:
Het gaat bij hem niet om het proces waardoor je het maximale bereikt, nee, hij wil de allerbeste zijn en niets anders. De tweede plaats is voor hem even slecht als de onderste. 'Alles of niets', is zijn devies.
Kenmerkend voor perfectionisten is dat zij hun op zich waardevolle en nuttige eigenschappen door overdrijving zó verpesten dat ze in het tegendeel verkeren. Dat is goed te zien bij de maximalisten, de strebers. Streven naar het allerhoogste, het er niet bij laten zitten, niet met het eerste het beste resultaat tevreden zijn, het zijn allemaal bruikbare en nuttige gedragingen die voor verbeteringen zorgen en tot positieve ontwikkelingen leiden. Maar die gedragingen worden problematisch als:
- De doelen te hoog gesteld worden, als het optimale absoluut niet bereikbaar is. Het wordt dan slechts een streep, een merkteken waar je zo dicht mogelijk in de buurt moet komen. Wie denkt dat 'ie die streep kan bereiken is een idealist en moet wel mislukken, zoals gebeurt met de perfectionist.

– Er een innerlijke dwang is dat doel wel te bereiken, een dwang waaraan de betrokkene niet kan ontsnappen.

Zulke mensen zijn gedreven, ongedurig, gejaagd, hebben nooit rust. Er is voor hen op weg naar de top geen rustpunt. Een tussenstop zien ze als verraad aan het eigen voornemen slechts de top te willen bereiken. Ze staan zichzelf zo'n pauze niet toe, ze nemen nooit dat stukje 'vrijheid'.

Zelfbeeldverslaafden en veeleisers

Ook de groep die verbeten streeft naar het optimum heeft vele facetten. Laten we eerst maar eens de zelfbeeldaanbidder onder de loep nemen.

Het optimum, het maximale, de persoonlijke fetisj die zo'n persoon verheerlijkt is een beeld dat hij van zichzelf heeft opgebouwd of waar anderen hem als het ware toe hebben aangezet. Kortweg: dat beeld is niet wat hij is, maar wat hij wil zijn.

Hij kan gezien worden als een fanatiek dienaar van dat zelfbeeld. Hij wordt een blinde ijveraar, blind omdat hij beperkt is in zijn waarnemingen. Hij maakt van zichzelf een ideaal, hij ziet zichzelf zoals hij zou moeten zijn. En aspecten in zijn persoonlijkheid die daarmee niet overeenkomen verloochent hij eenvoudig, die bestaan voor hem niet. Hij denkt, voelt, ziet en handelt slechts overeenkomstig het door hem zelf bedachte beeld. Hij is bezeten van dat beeld, dat hij onvoorwaardelijk zal uitdragen en verdedigen. Daardoor wordt eens te meer duidelijk waarom de perfectionist zo star en kleingeestig kan zijn. Dat buiten beschouwing laten van sommige persoonlijkheidsaspecten is een bewuste keuze. Daarmee houdt hij zijn zelfbeeld zo eenvoudig en ongecompliceerd mogelijk. En in die 'eenvoudige' vorm presenteert hij zich ook aan anderen. Met die rigide houding onderdrukt hij dus delen van zijn persoonlijkheid om maar zo goed mogelijk op zijn zelfgekozen beeld te kunnen lijken. En daarmee wordt hij als het ware een gevangene van zichzelf.

De samenhang daarvan wordt duidelijk als we naar een bepaald soort van zelfbeeldaanbidders kijken, naar *de onberispelijken*. Zij hebben een ideaalbeeld dat berust op hoge eisen ten aanzien van moraal. De onberispelijken maken zich nergens schuldig aan. Hun kleren zijn altijd smetteloos en ze aarzelen niet zich voortdurend als lichtend voorbeeld te presenteren. Hun morele oordeel over anderen is altijd hard, vaak zelfs vernietigend. Er kunnen maar weinigen aan hun hoge eisen voldoen, behalve zij zelf natuurlijk.

Het zijn fatsoensrakkers en kwezelige ijveraars, deze onberispelijken, die graag in hun eigen schaduw willen staan. Denk maar aan de uitspraak: 'zo proper en zo onberispelijk'. Het zijn geen mensen met dubbele agenda, die in het verborgene nog een soort tweede leven leiden. Het gaat om mensen die echt geloven dat ze perfect en onberispelijk zijn omdat ze hun andere kant verdonkeremanen, er eigenlijk een blinde vlek voor hebben. Ze onderdrukken delen van hun persoonlijkheid ten gunste van een gekunsteld zelfbeeld. Ze merken niet eens dat ze eigenlijk onderdrukkers van hun eigen opvattingen zijn, dat ze gevangenen zijn van een verkeerde, een zelfgecreëerde identiteit. De beperking in hun persoonlijkheid wordt slechts gecompenseerd door de (verkeerde) gedachte dat ze beter zijn dan de zwakke en zondige wereld waarin ze leven. De prijs voor de overwinning van de moraal is het verlies aan persoonlijkheid en spontaniteit.

Dat de perfectionist lijdt onder zijn perfectionisme is soms duidelijk, soms wat verborgen, soms niet merkbaar. Maar bij de *veeleiser* is dat open en bloot zichtbaar.

Ook hij heeft een probleem met zijn zelfbeeld. Hij laat echter niet bewust delen van zijn persoonlijkheid weg. Zijn probleem is dat hij de lat te hoog legt, niet alleen voor zichzelf maar ook voor anderen. Hij ervaart de tegenstelling tussen willen en kunnen en wordt gefrustreerd door de onmogelijkheid het gestelde doel te bereiken.

'Ik zal en ik moet' is de favoriete uitspraak van die veeleisers. Ze doelen dan op een verwachtingspatroon dat alleen supermensen bereiken kunnen. In hun alles-of-niets-denken is een streepje minder al een nederlaag, een erkenning dat het niet zal lukken. Maar tevens een aansporing om je nog meer in te spannen. Soms zelfs ten koste van hun gezondheid. En dan zien we ook nu weer de fanatieke trekjes: ook de prijs die voor dat streven naar het optimale, het maximum, moet worden betaald kent men niet, de gevolgen worden niet ingeschat. De blik is alleen gericht op het einddoel. 'Met mij gaat het uitstekend, ik ben op de goede weg, ik weet waar ik het voor doe, en ik zal slagen!'

Deze perfectionisten hebben een ingebouwde dynamo die hen voortdurend in beweging houdt. Ze lijken op windhonden die bezeten achter de kunsthaas rennen en die, als men ze niet afremt, blijven jagen tot de dood erop volgt. Ook de perfectionist wil en zal rennen, want de jacht naar het einddoel, het bereiken van de ultieme top, is voor hem de zin van het leven. Bestaan betekent voor hem: streven naar het maximale, niet uitrusten, niet met minder tevreden zijn. De ultieme levensvervulling is: het optimale bereiken.

De dynamo, de inwendige stem die tot de jacht blijft aanzetten, kent ook een taal. Hij spreekt zijn slachtoffer voortdurend toe en blijft hem opjutten. Zijn uitspraken:

- Je moet je ook zelf met de bijzaken bezighouden.
- Je bent niet alleen voor je eigen werk verantwoordelijk, maar ook voor het werk van anderen in je omgeving.
- Als je aan iets begint moet je het ook afmaken.
- Als je aan iets begint moet je het grondig aanpakken.
- Een karwei snel klaren zorgt altijd voor onvolmaaktheden.
- Je moet proberen de verwachtingen nog te overtreffen.
- Je moet je opdracht nog nauwkeuriger en beter uitvoeren.
- Het is noodzakelijk alle achtergronden te kennen en die bij je werk te betrekken.
- Om succes te hebben moet je hard zijn voor jezelf.
- Nooit verslappen, nooit versagen!

Wie die stem voortdurend hoort is z'n leven lang niet 'vrij'. Hij heeft een slavendrijver bij zich, waar hij zich ook bevindt. Zulke mensen zijn dan ook voortdurend opgejaagd en gedreven. Vrije tijd en rust kennen ze niet. Hun neiging tot moraliseren zorgt ervoor dat ze hun probleem tot een deugd verheffen. 'Ik maak het mezelf nu eenmaal niet gemakkelijk, ik geef niet zo gauw op!' En de omgeving wordt er met openlijk of heimelijk beschuldigende blik en toon nog eens duidelijk op attent gemaakt: 'Ik wou dat ik het net zo makkelijk had als jullie', of: 'Maak het je maar gemakkelijk, ik betaal het gelag wel!' Soms ook op een farizeeërtoon: 'Goddank ben ik niet zo lui (gemakzuchtig, zelfgenoegzaam, onverantwoordelijk) als jullie!'
Deze jacht naar het onbereikbare in het bestaan en de frustratie daarover leidt tot agressie. Geen boosheid over de steeds weer hogere eisen die men aan zichzelf stelt, maar agressie ten opzichte van de anderen: 'Als jullie niet zo lui (gemakzuchtig enz.) waren dan hoefde ik me niet zo af te beulen en had ik het in het leven ook wat makkelijker!'

53

De perfectionist mist voortdurend het inzicht dat het niet aan de anderen ligt, maar aan hemzelf. Ook in dat opzicht is hij beperkt van opvatting en steeds in de verdediging.
Als voorbeeld van iemand met een ingebouwde 'slavendrijver' zie ik mevrouw Sweder.

De 'conduitestaat' van deze mevrouw is opmerkelijk. Als gevolg van het feit dat haar echtgenoot regelmatig door zijn werk niet aanwezig is, voedt zij als een soort alleenstaande moeder haar drie kinderen op. Daarnaast verzorgt ze haar huishouding zonder hulp en neemt ook nog eens ruimschoots tijd om zichzelf te ontwikkelen. Als de kinderen wat zelfstandiger worden begint ze aan een geslaagde zakelijke carrière.
Mevrouw Sweder is de perfectioniste-ten-top. Altijd onberispelijk en tot in de puntjes verzorgd. In haar manier van kleden, in haar sociale contacten, in de uitoefening van haar beroep. Beminnelijk en tegemoetkomend als ze is, hoor je haar nooit 'nee' zeggen. Ze neemt elke verplichting en taak op zich, kan moeilijk delegeren en accepteert zelden hulp. Haar omgeving weet dat men het haar niet makkelijk naar de zin kan maken. Als men haar aanspreekt op haar prestaties, die bij anderen soms verbazing, bewondering of verborgen agressie over zo'n onnavolgbaar voorbeeld opwekken, volgt altijd dezelfde opmerking, vergezeld van een glimlach: 'Ik werk nou eenmaal graag hard.'
En inderdaad is mevrouw Sweder altijd bezig en in de weer. Ze lijkt wel een hamster in een looprad. 's Morgens, direct na het opstaan, begint ze aan het af te leggen traject en is daar pas mee klaar als ze 's avonds in bed rolt. Ze schakelt onvermoeibaar over van huishouding naar boodschappen of zaken. Haar ontspanning bestaat uit joggen, waarbij ze in weer en wind vasthoudt aan haar vaste rondje en dezelfde looptijd.
Deze mevrouw presteert bijna het maximale, maar tegen welke prijs?
Thuis valt ze wel eens uit haar rol van resultaatgerichte vrouw,

dan komt er wel eens een verbitterde trek boven. Boze blikken en venijnige opmerkingen aan het adres van haar gezinsleden, die het haar niet altijd makkelijk maken, en vals commentaar op genietende kennissen maken duidelijk dat de woorden 'graag hard werken' niet altijd zo gemeend zijn.

Waar komen die onmenselijke zelfbeelden van de perfectionisten uit voort?
In hoofdstuk 4 gaan we uitvoeriger in op de oorzaken van perfectionisme. Hier vast een voorproefje:
Het gaat voornamelijk om verwachtingen die de perfectionist van zijn omgeving gewaar wordt: hoge verwachtingen van ouders, maar ook verwachtingen van de samenleving.
Perfectionisten gedijen in een omgeving waarin het onmogelijke als haalbaar wordt benoemd. De vooruitgang is hun voedingsbodem en het geloof in de opmars van de technologie hun levenselixer. Het collectieve waanidee dat er in principe geen grenzen bestaan spreekt juist die mensen aan, die door beperkingen in het algemeen en hun eigen beperkingen in het bijzonder worden geplaagd. Ze voelen zich daardoor gesterkt in hun overtuiging dat grenzen er alleen zijn voor luiaards en gemakzuchtigen. Ze voelen zich sterk gehinderd in hun streven meer te willen dan anderen. Hun persoonlijkheidsstructuur maakt dat ze niet snel tevreden zijn. Ze zijn uit zichzelf al geïnteresseerd in hogere doelen, ze reageren alert en gemakkelijk op concurrentie en competitie, het thema ambitie en eerzucht spreekt hen aan. En dat alles is een ideale voedingsbodem voor het virus van het perfectionisme. Invloeden van buitenaf en de eigen innerlijke bereidwilligheid vullen elkaar aan: verwachtingen van buitenaf worden tot eigen eisen gemaakt, externe doelen tot eigen doelen, externe drijfveren tot eigen drijfveren. Ook daarin is

de perfectionist perfect. Hij neemt al die aanwijzingen, verwachtingen en richtlijnen over en kneedt ze tot zijn eigen karaktertrekken. *Hij is wat hij moet zijn.*

Hoe kan men zo overleven?
Eén manier van werken hebben we al leren kennen: de perfectionist maakt van de nood een deugd. Wat eigenlijk een ondeugd is verheft hij tot hogere moraal. Vanuit zijn hoge positie kijkt hij zelfvoldaan neer op de zwakkelingen en mislukkelingen en warmt zich aan het gevoel beter te zijn dan de meeste anderen, wellicht beter dan alle anderen.
Niet iedere perfectionist heeft zo'n rigide pantser. Velen voelen duidelijk hoe ze eigenlijk onder zichzelf lijden en laten daar ook wel wat van zien.
In het type van de *niet-zelfverzekerde en schuchtere perfectionist* ontdekken we iets van die worsteling en de daarachter liggende oorzaken:
– een te grote zelfkritiek;
– de angst om fouten te maken;
– de vrees zich belachelijk te maken.

Bij deze categorie perfectionisten wordt het niet bereiken van het hoogste streepje op de maatlat niet weggemoffeld, integendeel juist uiterst kritisch besproken. Opmerkingen als 'ik ben niet geslaagd' of 'ik heb gefaald' (erger nog: 'ik ben een geboren zwakkeling') zijn kenmerkend. Ook hier staat het alles-of-nietsdenken voorop. Zo'n perfectionist kan niet zeggen 'het is me dit keer niet gelukt', nee, hij is geneigd tot generaliseren en maakt van zo'n incident onmiddellijk een totale mislukking. Maar tegelijkertijd relativeert hij die uitspraak weer. 'Ik ben een zwakkeling' verwijst naar een soort minderwaardigheidsgevoel dat nou eenmaal kenmerkend voor hem is. Eenmaal zwakkeling, altijd zwakkeling. Dat is de denkwijze van iemand die in tegenstellingen gelooft, en tegelijkertijd een oorzaak voor de faalangst van de perfectionist.

De tweede oorzaak zit in de grote sociale kwetsbaarheid van dit type mensen. De onberedeneerbare angsten als het gaat om moraal en fatsoen zijn ons al bekend. De perfectionist is er ten diepste van overtuigd dat hij de achting en waardering van zijn omgeving alleen kan verwerven door onberispelijk te zijn en zich foutloos te gedragen. Met zijn in wezen erg onzekere persoonlijkheid is hij daar in hoge mate op aangewezen. Onderwerp van sociale kritiek te zijn, beschuldigd te worden van afwijkend sociaal gedrag, dat is de angst van de perfectionist. Hij is afhankelijk van het oordeel en de welwillendheid van anderen. En door het slaafs opvolgen van regels en het consequent voorkomen van fouten denkt hij de waardering en erkenning te krijgen, die hij nodig heeft om zich zelfverzekerd te voelen.

Perfectionisten bezitten op dat punt dan ook een onvolgroeide en niet geheel ontwikkelde persoonlijkheid. Ze getroosten zich veel moeite om aan de (voor)oordelen van de omgeving te voldoen.

Het tegengaan of verminderen van angstgevoelens, en de poging zich door een perfectionistische manier van handelen meer zekerheden en ruggensteun van anderen te verschaffen, zijn ook onderdelen in het streven naar het optimale.

In dit kader past het verhaal van Philippe Roest, student aan de Technische Hogeschool.

Ook het perfectionisme van Philippe is geworteld in zijn grote onzekerheid en zijn voortdurende zoeken naar zekerheden. Hij is het type dat streeft naar het optimale. Naar buiten toont hij een zelfverzekerde houding en meningsvorming. Privé is hij echter zeer onzeker, is hij een twijfelaar. Zijn stemming wisselt voortdurend. Hij kan beweterig en haast arrogant optreden, om daarmee zijn minderwaardigheidsgevoel te compenseren.

Wie hem slechts oppervlakkig leert kennen, ervaart niets van die andere kant van zijn persoonlijkheid. Hij ziet slechts de jongeman met zijn grote intelligentie en zijn buitengewone werklust, die tot nu toe zeer goede en soms uitzonderlijke prestaties neerzette.

Daar betaalt hij wel een prijs voor:
– weinig ontspanning;
– niet kunnen omgaan met vrije tijd en momenten waarop even niets te doen is;
– beperkte sociale contacten;
– spanningen, slaapstoornis, hoofdpijn.

Ook Philippe doet het voorkomen alsof hij in de intellectuele arbeid een hoge mate van bevrediging vindt. Maar toch kan hij zijn activiteiten niet goed doseren. Hij geeft toe veel meer te doen dan hij dacht toen hij aan de studie begon. Hij moet steeds studeren. Maar waarom? Als men er hem naar vraagt komt hij met zijn angst om te falen, om te mislukken. Voor hem is gewoon voorbereiden en leren van de lesstof niet voldoende. Door voortdurende herhalingen en verbeteringen probeert hij zijn angst voor de schipbreuk weg te nemen. Hij weet dat die angst onberedeneerbaar is, maar hij kan niet anders. Alleen tijdens het studeren voelt hij die angst minder.

Vaak verliest hij het kosten-baten-aspect uit het oog. Hij weet wel dat de tentamenstof nog een keer doornemen het eindresultaat niet echt verbetert, ja zelfs kan verslechteren. Maar toch moet hij. De slavendrijver in hem fluistert: 'Ik mag niet falen, dat ben ik aan mezelf en aan anderen verplicht!'

Hij weet dat het niet zeker is dat hij de verlangde cijfers ook zal halen. Maar hij hoopt steeds weer dat het hem lukt en dat ze hem een beetje rustgevende zekerheid opleveren.

Van z'n omgeving krijgt hij veel steun, die zijn ego kan versterken. Maar desondanks valt hij steeds terug op de magische krachten van rituelen. Die moeten mede voor de goede resultaten zorgen, zoals ze dat eerder hebben gedaan. Hij heeft nog steeds de vaste rituelen uit zijn schooltijd, die hij koppelt aan successen van toen. Hij leest horoscopen en bekent met schaamte te beseffen dat ze onzin bevatten.

Toch is er maar één echt hulpmiddel: werken, studeren. En dat doet hij dan ook, meestal met graagte, soms moet hij er zich toe zetten en dan levert het minder plezier op. Maar opgeven, gas terugnemen, minder doen dan het optimale kan en wil hij niet.

De zucht naar vastigheid en zo mogelijk totale zekerheid maakt duidelijk waarom perfectionisten niet alleen fanatieke actievelingen zijn, voortdurend in bedrijf en onder druk, maar tegelijk ook aarzelend en onzeker zijn als het op beslissingen aankomt. Daarover gaat het volgende onderdeel.

Dralers en twijfelaars

Wie voortdurend het optimale wil kan zich natuurlijk niet aan het eerste het beste verbinden. Als iemand ervan overtuigd is dat hij het perfecte voorwerp, de volmaakte mens of de optimale situatie pas krijgt door zich in te spannen, te wachten en te zoeken, dan is het moeilijk om direct al een beslissing te nemen.

Bij de dralers en de twijfelaars zegt het stemmetje van binnen steeds: 'Zoek voor je je voor eeuwig bindt, of je nog iets beters vindt!'

De angst voor een fout wordt al snel: de angst voor een onherstelbare vergissing. Het zwaard van Damocles hangt aan het dunne draadje van de beslissing. En die gedachte weerhoudt hem ervan direct een besluit te nemen. Het risico dat je kiest voor het iets minder goede alternatief zorgt voor een heel proces van rationele afwegingen. En dat is niet verwonderlijk voor ieder die weet hoe de perfectionist met risico's omgaat. Hij wil absoluut niet te snel, zonder overleg of intuïtief handelen. Dan leidt een beslissing zonder meer tot ongelukken. En dus volgt een periode van besluiteloosheid, in de hoop dat de omstandigheden, of andere mensen uiteindelijk de beslissing zullen nemen, zodat er in ieder geval een andere zondebok is als het verkeerd afloopt.

Het feitelijke besluit om niet te beslissen wordt gebaseerd op de volgende overwegingen:

- Nog niet alle argumenten liggen op tafel.
- Een beslissing op dit moment is duidelijk nog te vroeg.
- Het is niet goed om voor het eerste het beste alternatief te kiezen.
- Nu al een definitieve beslissing nemen brengt anderen wellicht in een vervelende dwangpositie.
- De zaken nog even op hun beloop laten geeft de mogelijkheid alsnog aan te sluiten bij positieve ontwikkelingen.

In de angst om beslissingen te nemen herkennen we al eerder besproken trekjes van de perfectionist. Uit een domme vergissing kan een persoonlijk drama ontstaan. En dat is het rampdenken van de perfectionist. De angst om een initiatief te nemen wordt gevoed door de neiging om een gewone situatie aan te dikken tot een omvangrijke tragische gebeurtenis. Bij een keuze uit twee of meer mogelijkheden gaat het de perfectionist niet om een gewone zakelijke beslissing, maar steeds om een bestaanscrisis: winnen of verliezen, juiste of verkeerde keuze, het worden symbolen voor zijn of niet-zijn. Ook de criticaster behoort tot de categorie dralers en twijfelaars. Wie altijd en op iedereen iets aan te merken heeft, komt vaak zelf moeilijk tot een besluit of een positieve oplossing. De scherpe blik speurt naar de allerkleinste fout, om te kunnen verklaren waarom een beslissing lang uitblijft. 'Als de kwaliteit zo zichtbaar slecht is kan men er toch geen ja tegen zeggen!' Zo wordt naar buiten de eer opgehouden en tegelijkertijd het eigen onvermogen verhuld.

Als de beslissing eenmaal onvermijdelijk wordt dan probeert de perfectionist toch nog een ontsnappingsroute te creëren, een achterdeurtje open te houden. Hij doet net of hij niet op eigen initiatief de beslissing heeft genomen, maar slechts aan de druk van de omstandigheden heeft moeten toegeven. Hij spreekt daarbij zijn voorbehoud uit en zegt dat hij wat ambivalent is over de juistheid van het besluit. Hij legt uit niet van ganser harte een besluit te hebben genomen, maar onder druk te hebben moeten toegeven. Hij zegt ja, maar distantieert zich direct van de beslissing. En zo hoeft hij zijn gezicht niet te verliezen als het toch fout mocht gaan. 'Ik heb toch al direct gezegd dat het anders zou zijn gegaan als ik mijn zin had gekregen!'

Wie niet volop achter zijn beslissing staat, is eigenlijk ongrijpbaar. En dat wil de perfectionist graag. De schijn ophouden dat zijn daden foutloos en onberispelijk zijn.

Die halfslachtige houding, uit angst om de verkeerde beslissingen te nemen, legt ook het neurotische bloot, dat bij het perfectionisme hoort. Uiterlijk is de perfectionist de rationele, weldenkende en zelfstandige persoon die voortdurend bezig is argumenten en overwegingen op een rijtje te zetten. Maar dat is alleen maar schijn: in werkelijkheid wordt de draler en weifelaar geblokkeerd door angst. En dat leidt tot onmacht. Wie risico's wil nemen moet een groot vertrouwen hebben in zichzelf en zijn omgeving. Het ontbreekt de perfectionist aan beide. Dat de uitstraling van 'de doener' en 'de vakman' eigenlijk maar een façade is, wordt het duidelijkst zichtbaar in de situaties waarin beslissingen moeten worden genomen. Het perfectionisme kent vele verschijningsvormen. We sluiten het scala van perfectionistische categorieën af met een soort die vooral in de afgelopen tijd sterk in opkomst was en inmiddels flink in de belangstelling staat. De perfectionist die streeft naar het bereiken van het maximale, het hoogste, heeft zich altijd al kunnen uitleven in werk, in sport en spel. Er is nu een nieuw speelveld: het menselijk lichaam. Hij is tot schoonheidsmaniak geworden.

Schoonheidsaanbidders

Een paar willekeurige uitspraken uit boeken, tijdschriften en brochures:

- De mens heeft tot plicht zich zowel lichamelijk als geestelijk te perfectioneren, hetgeen discipline, uithoudingsvermogen en onthouding vereist.
- Wie er niet perfect uitziet moet zich wel lelijk en minderwaardig voelen in deze wereld van foutlozen.
- Kleine afwijkingen van het ideaalbeeld zijn aanleiding voor twijfel en onzekerheid.
- De zoektocht naar het perfecte gezicht en het perfecte figuur zal nooit eindigen.
- Het hebben van het bijna perfecte lichaam is het bewijs van slagen in het leven.
- Als mijn lichaam onberispelijk en volmaakt is ben ik onaantastbaar.
- Het streven naar lichamelijke perfectie is de moderne manier om met de onzekerheden van het leven om te gaan.
- Beginnende zakenmensen die zichzelf goed willen verkopen steken zich zelfs in de schulden om er zo goed mogelijk uit te kunnen zien.

- De strijd om het perfecte lichaam is, als alle gevechten, een dure aangelegenheid.
- Een onberispelijk uiterlijk en het verlangen om perfect en bijzonder te zijn en geen fouten te hebben, behoren bij het huidige ambitieniveau.
- Het streven is een lichaam te hebben dat energie en dynamiek uitstraalt, dat er niet traditioneel vrouwelijk uitziet maar toch wel vrouwelijk is en een perfect erotische uitstraling heeft.
- Atletische, door voortdurende training gevormde lichamen hebben door hun perfectie soms een wat steriele uitstraling.
- Als ze volmaakt is moet ze zich niet nóg beter willen voordoen.
- Bij een perfect lichaam hoort een net zo perfect gebit.
- De plastische chirurgie streeft ernaar de perfectie van het door God geschapen lichaam nog te verbeteren.

Onder de kop 'Perfecte kinderen uit de operatiekamer' staat het bericht dat het aandeel van jongeren onder de 14 in plastisch-chirurgische ingrepen met sprongen is gestegen. De wens van ouders om een 'volmaakt kind' te hebben is daarin maatgevend. Maar, zo zegt het artikel, in Zwitserland vragen ook de tieners al steeds meer zelf om corrigerende operaties. Na neuscorrecties en het wegzuigen van overtollig vet op de heupen is 'perfecte borsten' nummer drie op de hitlijst.
Dat is bijvoorbeeld voor de 14-jarige Lena het belangrijkste. Ze wil graag topmodel worden en weet precies wat ze daarvoor moet doen en laten. Dieet en sporten horen net zo bij het dagelijks leven als ademhalen. En ze is blij met haar beugel.
'Eigenlijk is mijn gebit wel in orde, maar dat is niet genoeg. Het moet perfect zijn. Alleen als je volmaakt stralend kunt lachen heb je de mogelijkheid prinses te worden.'
Voor de schoonheidsmaniakken onder de perfectionisten is

63

het lichaam voorwerp van liefde, ambitie en gevoel tegelijk. Ze fantaseren over het maximaal haalbare, ze streven naar het ultieme figuur, er zo goed uitzien dat zelfs de meest pedante criticaster er geen aanmerkingen meer op kan maken. Ze concentreren zich alleen nog op het uiterlijk, de verschijning, de houding. Waarom?

We leven in een tijd waarin het lichaam herontdekt is. Het is het uithangbord van ons ego geworden. Wat men wil zijn drukt men uit in de vormgeving en aankleding van het lichaam. Het is de dagelijkse metgezel in het moderne leven. Door het creëren van een volmaakt uiterlijk wil men een nieuw individu worden, een nieuwe identiteit krijgen. Vroeger vermaakte men alleen zijn kleding om er anders uit te zien, tegenwoordig vermaakt men zijn lichaam.

Met dezelfde prestatiedrang die zo kenmerkend is voor de perfectionist wordt nu het lichaam onderhouden en verzorgd. Het vraagt nogal wat inspanning om het doel ook te bereiken: *'Ik ben wat ik uiterlijk voorstel.'*

Het uiterlijk is niet altijd de verbeelding van het innerlijke. Het uiterlijk kent vele lagen. Het bestaat uit handelingen die van binnenuit komen én uit de uitstraling die de eigenaar er aan wil geven, het beeld dat hij van zichzelf in de spiegel ziet. Maar er is ook nog een andere component: de heersende opvattingen over het uiterlijk. Hoe mag het er uitzien en hoe zeker niet.

Voor de lichaamsfetisjisten is het kijken naar het eigen lichaam niet zo interessant. Hun gedachten gaan meer uit naar het abstracte, naar het imaginaire beeld, naar wat het moet zijn en moet voorstellen. Daarin herkennen we weer de trekken van de perfectionist. Het kijken naar het lichaam wordt afgeschaft, in de spiegel kijken heeft geen zin, want het resultaat voldoet toch niet aan de hoge verwachtingen. Er naar kijken is zelfs bedreigend en zorgt voor nieuwe angsten, omdat het toch nooit lijkt op wat het zou moeten zijn. En zo begint het volgende gevecht, dit keer om het lichaam te perfectioneren op basis van de volgende kenmerken: volmaakt, onberispelijk, symmetrisch, harmonisch en esthetisch. De methoden die daarbij worden gehanteerd zijn ook perfectionistisch van aard, want ook hier ontbreken grenzen en kent men geen maat. Waar eerder nog actief geoefend werd met fitnessapparaten, waar eetpatronen een rol speelden en houding belangrijk was, is nu de passieve oplossing in zwang: corrigerende chirurgie is een groeimarkt. Voor vrouwen geldt dat ze net zo makkelijk naar de plastisch chirurg stappen als naar de tandarts. 'Ik wil het lichaam dat bij mij past!' Dat zou nog verstandig klinken als het werkelijk alleen om 'mij' ging. Maar het gaat eigenlijk om de anderen. Het gaat erom wat anderen vinden van het nieuwe uiterlijk, van het verfraaide lichaam, van het nieuw gecreëerde beeld.

Maar was er niet altijd al de wens naar het volmaakte? Ja, maar die was slechts verbeeld in een paar geniale kunstwerken, waar de mensen naar hebben gekeken zonder ze als norm voor het eigen uiterlijk te nemen, zoals nu gebeurt. Waarom laten we de perfecte schoonheid niet op de godenberg Olympus en behelpen ons met de aardse lichamen? Waarom beperken we ons niet tot het bewonderen van die natuurlijke schoonheden uit vroeger tijd? Waarom gebruiken we die niet om ons aan te vergapen en houden we ons voor de rest niet aan de gewone, gemiddelde vormen van vandaag? Omdat we perfectionisten zijn die ons laten regeren door de gewenste democratie van de schoonheid. Een democratie die als uitgangspunt heeft: 'Schoonheid voor iedereen!'

In onze maakbare samenleving op basis van marktdenken wordt ons onophoudelijk in het oor gefluisterd:

65

- Ook jij kunt mooi zijn, als...
- Wie niet mooi is heeft dat aan zichzelf te wijten.
- Lelijkheid is een gevolg van luiheid, domheid, inconsequentie, of anders van gebrek aan geld.

Deze stellingen vallen bij de perfectionist in vruchtbare bodem. Hij gelooft immers voortdurend dat het onmogelijke mogelijk wordt als hij zich er maar steeds voor inspant. Democratisering betekent gelijke kansen voor iedereen, het ontbreken van hiërarchische drempels, van standsverschillen en van bevoorrechte klassen. Gelijke rechten voor de flinkerds, de aanpakkers, ook als het om schoonheid gaat.

Dat zou allemaal nog te behappen zijn als we ons niet elke dag, ja, elk uur omgeven zagen door mensen die voor 99 procent aan de heersende normen voor schoonheid voldoen. De perfectionist, die toch al erg gevoelig is voor competitie en concurrentie, staat onder voortdurende druk te moeten vergelijken. Zijn ego is wat zwak ingesteld en dus maakt hij gemakkelijk die heersende norm voor schoonheid tot de zijne. En dat leidt weer tot angst sociaal minder geaccepteerd te worden wegens het niet voldoen aan die normen. Dus begint zijn streven naar het hoogst bereikbare, het maximale: de absolute schoonheid, vormgegeven in het volmaakte lichaam. Hij gaat daarbij uit van de even dubbelzinnige als ironische uitspraak van de schrijver Oscar Wilde, die ooit zei: 'Alleen oppervlakkige lieden oordelen niet op basis van uiterlijke schijn. Het ware geheim van de wereld is het zichtbare, niet het onzichtbare.'

2. Het beginselprogramma van de perfectionist

Alle perfectionisten zijn ordenaars, die ook in de hoofdlijnen van het bestaan duidelijkheid willen. Daarom hebben ze een speciale antenne voor thema's en leuzen die beknopt omschrijven wat voor hen het belangrijkste, het meest wezenlijke is. Komen die hen bekend voor? Herkennen ze daarin hun eigen woorden, die van hun ouders of anderen uit hun omgeving?

Wat beweren die leuzen?

Vertrouwen is goed, controle beter

De controleurs onder de perfectionisten zijn vervuld van een diepgeworteld en fundamenteel wantrouwen ten opzichte van de toestand in de wereld in het algemeen en in de zielenroerselen van hun medemensen in het bijzonder. Ze vermoeden verraad, argwaan, misleiding en bedrog in alle hoeken en gaten. 'Men kan niet voorzichtig genoeg zijn!' is een van hun geliefde uitdrukkingen.

Worden daarmee de eigen negatieve aspecten op anderen geprojecteerd, niet bij zichzelf maar wel bij anderen waargenomen? Nee, de perfectionist is bovenal een arme stakker die niemand vertrouwt omdat hij zichzelf niet vertrouwen kan. Achter een smetteloze façade verbergen zich onzekere mensen met een hoge graad van kwetsbaarheid. Die façade moet hen beschermen tegen verwondingen aan de ziel. Er achter treffen ze alle mogelijke voorzorgsmaatregelen om littekens op hun tere en zwakke ego te voorkomen. Dat ze door hun overmatige controle en hun wantrouwen anderen verwonden ervaren ze niet, merken ze helaas niet op. Ze kunnen zich nu eenmaal moeilijk met twee dingen tegelijk bezighouden.

Om de problematiek rond het vertrouwen van een perfectionist te begrijpen moeten we ons afvragen: Wie kan geen vertrouwen schenken? Iemand die geen vertrouwen kent of iemand die bang is? Het laatste ligt het meest voor de hand. Iemand je vertrouwen schenken betekent ook je open opstellen. Wie dat niet kan is bang dat men hem onderuit haalt, hem laat vallen. De perfectionistische controle is een vorm van zelfbescherming, gevoed door angst voor geestelijk letsel. Men wil niet a priori anderen kwetsen of onderuit halen – hoewel dat onvermijdelijk het gevolg is –, men wil vooral zichzelf beschermen.

Met het woord 'beschermen' komen we weer terug bij de perfectionistische behoefte aan zekerheden. In een niet te vertrouwen omgeving moet voortdurende controle en bemoeienis de grootst mogelijke – echte perfectionistische woorden! – zekerheid opleveren.

Wantrouwen, kleingeestige geheimzinnigheid, zich niet openstellen, niet mededeelzaam zijn. Dat zijn de verdedigingsmethoden, die moeten voorkomen dat anderen macht over je krijgen. Daarom ook zien we bij de perfectionist een grote behoefte om zelf te regelen, te besturen en te beslissen. Hij is bang afhankelijk te worden van anderen. Een afhankelijkheid die hen de mogelijkheid geeft over hem te heersen, macht over hem uit te oefenen.

Om zich te beschermen tegen die overheersing zijn twee zaken onontbeerlijk. Allereerst weten en kunnen. Niemand mag meer weten en kunnen dan de perfectionist zelf. Op die manier kan hij zich zeker voelen. Daarom ook die voortdurende eerzucht, dat streberige.

In de tweede plaats is het noodzakelijk een goed overzicht te houden. Hij moet de tegenstander immers steeds een stapje voor blijven, want daardoor wint 'ie tenslotte vanzelf en dat geeft hem eveneens meer zekerheid. Dat stapje voor blijven lukt hem het beste als hij als rationeel denkend mens steeds het hoofd koel houdt en het verstand laat prevaleren. Gevoelens zijn schadelijk, want die kunnen dat zo noodzakelijke overzicht vertroebelen. En dus is de perfectionist ook emotioneel gezien altijd een beheerste en gecontroleerde persoonlijkheid die zijn gevoelens wegdrukt en ze absoluut niet toont. De perfectionist heeft nooit geleerd met eigen en met andermans gevoelens om te gaan, is daarin zeer beperkt en geremd.

In het 'boek des levens' van deze groep mensen komt direct na hun eigen devies een citaat van Christian Morgenstern: 'Voorzichtigheid en wantrouwen zijn goede uitgangspunten, maar die komen ook uitermate goed van pas tegenover uzelf.'

Wat niet voor honderd procent goed is, is fout

Achter dit motto duikt het fatale alles-of-nietsdenken op, dat het omgaan met perfectionistische mensen zo moeilijk maakt. Ondanks hun rationele begrip en inzicht blijven ze toch zoeken naar de absolute duidelijkheid in oplossingen en verklaringen. Hun weerzin tegen 'voorlopige oplossingen' is begrijpelijk: elk voorlopig antwoord zou toegeven zijn aan de gedachte dat de wereld toch niet zo helder en klaar in elkaar zit, en dat is reden voor vrees. De perfectionist voelt zich niet opgewassen tegen chaos. En dus gaat hij compromisloos, star en hardnekkig in tegen elke voorlopige oplossing. De omgeving reageert daarop dan weer met een verminderde bereidheid tot samenwerken, minder teamwork. Perfectionisten gedragen zich betweterig en gelijkhebberig, willen alleen de volmaakte oplossing en houden zichzelf daarbij voor dat zij de absolute waarheid bezitten.

Deze stelregel kan ook van toepassing zijn op onderlinge relaties. Dat zien we in het volgende stukje.

Wie niet totaal voor mij is, is tegen mij

Een gedeeltelijk bewijs van genegenheid of zorg is geen bewijs. Het bewijst eerder het tegendeel. Ook in relaties wil de perfectionist absolute zekerheid. Gevolg daarvan is dat men hem niet makkelijk tevreden kan stellen. Een echtgenote heeft het ooit als volgt uitgedrukt: 'Ik kon me laten vierendelen om hem te bewijzen dat ik gelijk had, en zijn reactie was slechts waarom ik me niet wilde laten achtdelen, dan zou hij me misschien geloven.' Wij hebben dit slag mensen inmiddels goed genoeg leren kennen om te weten dat ook die oplossing niet voldoende zou zijn.

Niet alleen in opdrachten, taken en zakelijke doelstellingen, maar ook in het intermenselijk verkeer ervaart men de perfectionistische medemens als

– veeleisend;
– ontevreden over de inzet van anderen en
– kritiek leverend en mopperend over het resultaat.

Orde is de basis van het bestaan

Deugden kunnen tot ondeugden worden. Als dat ergens geldt is het hier wel. Natuurlijk is ook voor de niet-perfectionist orde van groot belang: het voorkomt tijdverlies en onnodige verspilling van krachten. Orde die leidt tot routine, waardoor men automatisch handelt, zonder te hoeven nadenken of plannen, verlicht het dagelijks bestaan. Maar dat is een andere orde dan die van de perfectionist, want die overstijgt dat verre. Die wordt doel in zichzelf, wordt principe: orde omwille van de orde. Dan zijn doelmatigheid en juistheid ver te zoeken. De orde wordt een tiran die zijn ordedienaar offert op het altaar van de plichtsvervulling.

Een gewoon ordelijk mens is in zijn gedrag zeker van zichzelf. Hij schept orde waar het nodig en passend is. De moeite moet in een reële verhouding staan tot het resultaat. Hij kan bij vlagen ook in wanorde leven zonder dat het gevoelens van onrust of onlust opwekt. Dat geldt niet voor de ordeningsperfectionist. Om zich goed op z'n gemak te voelen moet hij overal en altijd orde scheppen. Pas als alles perfect op z'n plaats staat is hij gerust en kan hij zich met andere zaken bezighouden. Het is hem niet mogelijk uit de vicieuze cirkel van dit ritueel te ontsnappen. Zonder ordeningshandelingen zou zijn leven inhoudsloos en van weinig waarde zijn. Dat merkt u als u probeert de rituelen en de routine van de ordeningsperfectionist te doorbreken. Angst en verbitterd verzet maken duidelijk dat hier iemand het waardevolste verdedigt wat hij heeft. Het is bijna een strijd op leven en dood.

Wie niet de hele waarheid spreekt, liegt

Dit is een variant op het reeds bekende honderd-procentmotto. Hier gaat het om het alles-of-nietsdenken in ethische aangelegenheden. De perfectionist is immers ook een hardnekkige moralist. Ook hier wordt een principe fanatiek en fundamenteel tot allerhoogste waarheid verheven.

Met een waarheidsmaniak discussiëren is gevaarlijk. Want kan men het zich wel veroorloven om niet de waarheid te spreken? Maar de waarheid heeft vele kanten: mijn waarheid of de jouwe, een algemeen geaccepteerde waarheid tegenover de persoonlijke waarheid, halve en hele waarheid, en ook nog de waarheid uit mededogen naast de onbarmhartige waarheid. Voor de waarheidsmaniak is er echter maar één waarheid, waaraan niet valt te morrelen. En in de regel is dat zijn waarheid.

Voor hem is dié waarheid heilig. Hij drukt er iedereen met de neus op, wil alleen die waarheid horen en niets anders. Die waarheid is een soort vagevuur waardoor de onwaarheid sprekende mensen uiteindelijk gelouterd worden en tot de allerhoogste vorm van waarheid zullen komen. Dat sommigen het vagevuur niet overleven of er gewond uit terugkeren moet op de koop toe worden genomen. Want de leugen moet uitgeroeid worden, tenminste bij de anderen. Maar pas op: zelf verdraagt de waarheidsmaniak de waarheden van anderen slecht. Diep gekwetst vindt hij dan dat het niet meer om het principe gaat, eerder om de persoonlijke beschadiging en wraakneming.

Liefst geen veranderingen!

Wilt u er zeker van zijn dat de persoon met wie u te maken hebt een perfectionist is? De diagnose is heel eenvoudig: perfectionisten onderscheiden zich van andere mensen doordat ze jaar in jaar uit alles bij het oude laten. Ze verzetten zich consequent en hardnekkig tegen iedere verandering in hun persoonlijke omstandigheden. En dan met name tegen de vooruitgang in het algemeen, want: 'Het is er nog nooit beter op geworden, altijd slechter!'

Waar komt dat reactionaire gedrag vandaan, dat bewaart, vasthoudt en zich overal aan vastklampt?

We hebben het al vaak gehad over de hang van perfectionisten naar zekerheid. Maar hier slaan ze echt op hol. De perfectionist durft in het algemeen maar weinig aan. Wie hij is en wat hij kan heeft hij alleen te danken aan zijn perfectionistische techniekjes: ordenen, voorzorgsmaatregelen nemen, regelen, nauwgezet zijn. Door die te gebruiken kan hij zich wat geruster voelen onder de eisen die het leven stelt. Zonder die techniekjes zou hij onbeschermd zijn, overgeleverd aan alle onzekerheden. In de vertrouwde omgeving zijn de spelregels bekend, hij weet wat er komt. Maar buiten die omgeving? Daarom heeft de perfectionist liever één vogel in de hand dan tien in de lucht.

Hij voelt zich ook niet sterk genoeg om veranderingen het hoofd te bieden. Hij zit immers nu al aan z'n limiet: hij moet al zo veel doen en dan ook nog perfect. Waar moet hij dan de kracht vandaan halen om zich ook nog met iets nieuws bezig te houden? Hij kent bovendien de uitkomst al: het zal niet lonend zijn.

De perfectionist is niet bereid veel risico's te nemen. Als we 'risico' zien als spanningsveld tussen kans en gevaar, dan is voor hem de uitkomst snel duidelijk. Hij is ook niet voor niets een rampdenker. Als hij gevaar ruikt denkt hij al direct aan het ultieme noodlot. De mogelijkheid dat een verandering kan leiden tot een positieve ontwikkeling voor de mensen wil hij niet echt ter discussie stellen. Maar voor hem wegen die positieve ontwikkelingen niet op tegen de gevaren die ze met zich mee brengen. En dus kan alles maar beter bij het oude blijven.

Maar, zo zal ieder verstandig mens inbrengen, men hoeft toch niet gelijk alles te veranderen? Een paar details wijzigen betekent ook al vooruitgang. Waarom kan dat niet?

De perfectionist denkt altijd in absolutisme. Een detail staat wat hem betreft voor het grote geheel. Een kleine verandering, een minieme wijziging? Dan is voor hem de uitholling van alle principes en uitgangspunten al begonnen. 'Ik geef een vinger en ben gelijk de hele hand kwijt.' Of: 'Niet aan beginnen!' Of: 'Dat is het begin van het einde!' Ook dat zijn de leuzen van onzekere en angstige perfectionisten. Alleen het oude vertrouwde kan hun goedkeuring wegdragen. Ze laten geen ruimte voor ontwikkelingen. Ze maken bijna mummies van zichzelf en prijzen die methode dan ook nog aan als de ultieme strategie tegen alle rampspoed die het leven in petto heeft.

Alleen het beste is goed genoeg

Roept dat herinneringen op? Hebt u niet al eerder gehoord dat voor het verwende West-Europese publiek alleen het beste goed genoeg is?

In dit motto zien we een facet van het inmiddels beroemde (of beruchte) streven naar het optimale. We zien aan de buitenkant een mooie gevel, en daarachter een onzeker en zwak ego dat veel steigerwerk nodig heeft om nog iets overeind te houden. Het ambitieniveau vraagt om de tekst: 'Ik ben de beste, ik behoor tot de allerbesten en mag daarom ook eisen stellen.' Maar dat arme en zwakke 'ik' weet drommels goed dat de werkelijke verhoudingen heel anders liggen: wie zichzelf zo overschreeuwt is niet erg zeker van zijn zaak. En er is nog meer tekst: 'Pas als ik het hoogste bereikt heb, kan ik me ook werkelijk de beste voelen.'

Dat is het psychologische mechanisme van de overcompensatie. Zwakheid, onzekerheid en minderwaardigheid worden verloochend. Er wordt ons daarvoor in de plaats een hoog ambitieniveau voorgespiegeld, het doel dat de betrokkene ook echt bereiken wil.

Wie zich overdreven kieskeurig en veeleisend opstelt, wie zich manifesteert als niet snel tevreden te stellen en wie de dingen in zijn omgeving afdoet als onvoldoende voor de eigen exquise en verwende smaak, die laat voor de mensenkenner maar één conclusie over: hier staat een erg onzeker mens, die zich beter voordoet dan hij is. Die wil proberen de allerbeste te lijken. Maar echte klasse ondervindt toch geen concurrentie van de tweede keuze? En persoonlijke status heeft niets met statussymbolen te maken. Alleen degene die zichzelf niet vertrouwt moet grijpen naar het verdedigingsmechanisme dat 'het beste' heet.

Het betere is de vijand van het goede

Of ook wel: Er blijft altijd nog iets te verbeteren!

Dat is een motto van de perfectionist die streeft naar het optimale. En dat brengt ons al direct bij zijn probleem: de maat en de grenzen. Naar iets streven, beter willen worden, aan zichzelf werken, dat zijn de goede en waardevolle eigenschappen van de perfectionist. Als hij er maar niet zo'n krijgshaftige uitleg aan zou willen geven. Het betere is voor hem niet de vriend, niet de partner of de grotere broer, het betere is voor hem de vijand. En die moet bestreden worden. Een gemoedelijke strijd, die stimuleert en actie vraagt van beide partijen, is niet voldoende. Het gaat hier immers om echte concurrentie. De tegenstander moet niet alleen overvleugeld worden, nee, ook overwonnen. Voor vijanden hoef je immers niet meer bang te zijn zodra ze uitgeroeid zijn en inmiddels de eigen stellingen goed bezet blijven. Daar gaat het de perfectionist immers om: zijn eigen machtspositie te versterken. Achter de zogenaamde wens om zichzelf te verbeteren gaat een andere, niet openlijk uitgesproken wens schuil: domineren. Wat naar buiten toe lijkt op een wedstrijd in wie het beste presteert is in wezen een psychologische strijd om de uiteindelijke macht. Daar gaat het bij de streber om. In tegenstelling tot waar het de gewone ambitieuze persoon om gaat. Daarom moet dit devies dan ook eigenlijk luiden: *De* betere is de vijand van *de* goede.

Het leven is te gecompliceerd om het makkelijk op te vatten

Wie dit zegt behoort tot de slaven, bedienden en lijfeigenen in dienst van hun superego. In het alledaagse bestaan voeren plicht, taken en doelstellingen de boventoon. De agenda dicteert en stuurt. Wie zo denkt behoort tot de groep van de beklagenswaardige mensen die nooit echt 'vrij' zijn. Alles wat het leven aantrekkelijk maakt is voor hen ondeugd en zonde. Zich aan lediggang overgeven? Alleen onder dwang, en dan nog vervuld van schuldgevoelens. Nietsdoen? Dat levert alleen maar spanning op en voortdurend nadenken over hoe de verloren tijd weer kan worden ingehaald. Genieten? Niet van ganser harte en met een slecht geweten. Zichzelf eens verwennen? Alleen nadat alles is opgelost en afgehandeld, wat sowieso nooit het geval is.

Perfectionisten kunnen het zichzelf niet gemakkelijk maken. Ze zijn workaholics, maken geen onderscheid tussen arbeid en rust, plicht en vrije tijd, presteren en nietsdoen. Hun grote gevoel voor verantwoordelijkheid, hun gewetensbezwaren, hun hang naar details en hun neiging om de taken en plichten van anderen ook als de hunne te zien, maken dat ze het echte leven vaak aan zich voorbij laten gaan. Levensvreugde is er maar weinig. Spontaniteit, uitbundigheid, genieten van speciale momenten en gelukservaringen, ze zijn er zelden. De perfectionist met dit motto gaat lichamelijk en geestelijk gebukt onder de druk van verplichtingen en goed presteren. Hij is dan ook bijna nooit opgetogen, wel vaak ontstemd en wat agressief. Hij is boos op zichzelf en anderen omdat het hem niet lukt uit het dilemma te komen: óf heel anders en dus gemakkelijk leven óf aan zijn verplichtingen en ambities voldoen. Hij ervaart zelden momenten van grote tevredenheid. Eigenlijk alleen maar als hij zijn taken volbracht heeft. Maar daar kan hij niet lang van genieten, want er wachten hem nieuwe taken, nieuwe opdrachten, nieuwe inspanningen. 'Het leven van een perfectionist is niet makkelijk!'

Dat het regelmatig tot ontstemming leidt is begrijpelijk. De boosheid over de eigen levensopvatting wordt op anderen geprojecteerd en leidt tot verwijten aan hen die anders tegen het leven aankijken. Vanuit zijn ivoren toren van onbaatzuchtige en onvoorwaardelijke plichtsvervulling die hij zichzelf voortdurend oplegt, kijkt de perfectionist geringschattend neer op hen die het zichzelf gemakkelijk, in zijn ogen veel te gemakkelijk maken. En hij kijkt weer naar ons met een moraliserende blik. Een beklagenswaardig mens? Psychologisch gezien zeker, maar in de omgang is daar weinig van te merken.

Er mag geen foutje gemaakt!

Een uitspraak met een uitroepteken. Een uitspraak zonder tegenwerpingen. Er valt niet aan te morrelen. Hier is geen plaats voor discussie, tegenwerpingen of argumenten. Het machtswoord is gesproken, de dictator heeft de uitgangspunten bepaald en de ondergeschikten moeten maar zien hoe ze daarmee kunnen leven.

Ook dat is de perfectionist: ondubbelzinnig in z'n oordeel, rigoureus in z'n eisen. Met het hoogste en heiligste, de ambitie en prestatie, valt niet te spotten. Zonder compromis naar het doel, streng en onverbiddelijk jegens zichzelf en anderen. Tegenspraak is zinloos, het superego laat niet met zich spotten. Waarom zo hardvochtig en weinig toegeeflijk?

We hebben de perfectionisten al leren kennen als mensen die van alles direct een principe maken. En dat gebeurt hier ook: als ik één foutje accepteer dan zet ik de deur wagenwijd open voor grote fouten. En dan begint het grote gebouw van de principes te wankelen. De perfectionist ziet de ramp al komen. Dat kleine foutje is als een virus, dat zich ingraaft en zonder mankeren het hele fundament van binnenuit ondermijnt. Voortdurende waakzaamheid is geboden, zowel voor grote als voor kleine zaken.

Maar het zijn niet alleen de fouten van anderen die het bestaan ondermijnen. Voor veel perfectionisten geldt dat men ook op z'n hoede moet zijn voor eigen fouten. Het uitgangspunt 'ik ben onberispelijk' wordt bedreigd. De ander ziet een klein en onbeduidend foutje en dat leidt wellicht tot de beschuldiging 'Ook jij maakt fouten!' En dat zou kunnen worden uitgelegd als was de perfectionist net zo'n gewoon mens als alle anderen. Welk een krenking voor het ego van de perfectionist!

De wereld van de perfectionist is opgedeeld: links de volmaakten, rechts de onvolmaakten. De eigen kleine fout is een soort indringer van de andere kant, waarmee de perfectionist niet van doen wil hebben. Hij merkt dat zich onder de mooi gepoetste oppervlakte nog een onderwereld bevindt waarin het maken van fouten gewoon is en waar gevoelens, onverstand en driften regeren. Een beangstigende onderwereld waar de perfectionist niets van wil weten. En daarom is fouten maken niet te tolereren. Punt uit!

Er is geen pardon mogelijk!

Als de eis luidt 'Er mag geen fout gemaakt!' is de consequentie: 'Er is geen pardon!' De militaire herkomst van de uitspraak geeft aan dat het oorlog is. De onverbiddelijke overwinnaar is pas gerust als de vijand niet alleen verslagen maar ook uitgeroeid is. En geruststelling zowel als zekerheid is wat de perfectionist graag heeft.

In de omgang met perfectionistische mensen ontdekt men vaak een asociaal trekje. Het is niet alleen de gereserveerdheid en het rationele die zorgen voor de muur om hen heen, het gaat ook om de harde, onverbiddelijke en onbarmhartige karaktertrekken. Ze willen graag geliefd zijn, maar ze hebben zelf moeite met het tonen van genegenheid, ze willen graag begrepen worden maar hebben moeite met begrip voor anderen, ze zijn zelf vaak lichtgeraakt en snel gekwetst, maar gaan weinig zachtzinnig met de gevoelens van anderen om, zeker als het om de beginselen, de principes gaat. Voor verontschuldiging en vergeving is nodig dat je je kunt verplaatsen in de gevoelens en de situatie van anderen. Het eigen handelen wordt minder belangrijk, begrip voor de ander komt daarvoor in de plaats. Daarna volgt de belangrijkste fase: afstand nemen van jezelf en je verplaatsen in de gedachten en de situatie van de ander. Dat leidt dan tot meeleven en meevoelen.

De perfectionist geeft de voorkeur aan de egocentrische benadering. Hij lijkt naar buiten dan ook erg egoïstisch, maar hij is het niet altijd. Helaas weerhouden andere eigenschappen hem ervan uit die zelfgekozen rol te stappen: zijn geringe flexibiliteit, zijn onwrikbare oordeel, maar ook zijn emotionele onbeholpenheid. Maar meer nog vreest hij situaties en argumenten die zijn helder en ordelijk wereldbeeld ondermijnen. 'Daar wil ik niets van weten en dus is geen pardon mogelijk!' Deze lijfspreuk gaat ook nog over iets anders. We hebben gezien dat perfectionisme gepaard gaat met verdedigingsmechanismen tegen de eigen persoonlijkheid. Het gaat de perfectionist beter naarmate hij minder last heeft van zijn angsten voor onbereikbare doelen. Hij voelt zich beter naarmate zijn verdediging sterker, meer rigide en onaantastbaar is. Daarom ook dat onverbiddelijke dreigement 'Fouten worden niet getolereerd!' en het even onverbiddelijke als krijgshaftige dreigement 'Er is geen pardon mogelijk!' In het uiterste geval kan niemand op begrip en excuses rekenen, ook niet de beklagenswaardige perfectionist zelf. De straf is fors, maar dat moet. De perfectionist wil immers ook invloed uitoefenen en opvoeden. Daarbij hoort niet toegevend te zijn. Fouten zijn slecht en moeten uitgeroeid! Een perfectionist leert niet van zijn fouten, maar van de straf en hij is ervan overtuigd dat dit uitgangspunt voor alle mensen geldt. In zijn denkwereld is geen plaats voor het uitgangspunt dat opvoeden niet betekent bij anderen fouten ontdekken, maar weten hoe je met die fouten moet omgaan.

Wie niet voorzichtig is, verdient geen begrip

Het tweede deel van deze zin komt ons bekend voor. Dat een perfectionist moeite heeft met excuses of begrip, hebben we al besproken. In dit hoofdstukje staat het eerste deel van de zin centraal en dan gaat het om het woord 'voorzichtig'. Voorzichtigheid heeft te maken met vooruitzien en plannen. Vooruitdenken, mogelijke scenario's tevoren overwegen en voorzorgsmaatregelen nemen. De perfectionist is sterk in woorden die beginnen met 'voor'. Men kan de toekomst niet zomaar, spontaan en met lege handen tegemoet treden. Dus is het zaak vroegtijdig voorbereidingen te treffen, vooraf maatregelen te nemen, mogelijke beslissingen voor te bereiden, voornemens te formuleren, mogelijke stappen te overwegen en vooruit te zien naar de effecten, kortom door een voorschot te nemen op wat komt, kan men laten zien hoe voortreffelijk men is.

Op de achtergrond speelt de reeds gesignaleerde zekerheidstelling mee. De volksmond zegt immers: 'Voorzichtigheid is de moeder van de porseleinkast.' Wie voorbereid is kan optimistisch en met groot vertrouwen de toekomst tegemoet treden. De perfectionist is opnieuw in een strijd gewikkeld, ditmaal niet tegen fouten en chaos, maar tegen het onbestemde in het leven. Dat is een gevaarlijke strijd die vraagt om goede wapens en een uitgekiende strategie. Terwijl de perfectionist zich op grond van zijn voorbereidingen steeds zekerder gaat voelen, voelt de omgeving zich steeds ongemakkelijker en onbehaaglijker. Want die ervaart dat de perfectionist uit voorzorg vaak remmende en beperkende maatregelen neemt. De voorzichtigheid vooraf heeft dan geleid tot een hele serie overdreven voorzorgsmaatregelen. De perfectionist die inmiddels overtuigd is van zijn eigen prestatie om vooruit te kunnen zien, voelt zich diep gekwetst als die prestatie niet op juiste waarde geschat wordt. En uit wrok is hij ook niet tot enige vorm van begrip bereid.

Niets komt vanzelf

Dit is een diepzinnige, veelbetekenende uitspraak. Oppervlakkig gezien ligt de volgende opmerking meer voor de hand: 'Je krijgt in het leven niets cadeau, je moet je flink inspannen, want kleine beetjes helpen niet.' Voor deze zakelijke berekening van input en output zou je ook de volgende formulering kunnen hanteren: 'zonder inspanning geen resultaat'.

Maar er ligt een diepere en principiëlere gedachte aan ten grondslag, namelijk de wijze waarop de perfectionist tegen de wereld aankijkt. Ordening, regelmaat en principes zijn voor hem universeel. Een wanordelijk, een niet georganiseerd, een lieflijk bestaan komt in zijn visie op het leven niet voor. Zijn eigen streven naar symmetrie en overzicht ziet hij als tegenhanger van het allesomvattende algemene uitgangspunt. Hij gelooft in een evenwichtige rechtvaardigheid die garandeert dat zijn bemoeienis en aandacht niet van minder waarde zal zijn.

We weten inmiddels dat zekerheid voor de perfectionist een kernthema is. Dat alles wat in het leven niet te voorzien is onzekerheid veroorzaakt en om maatregelen ter beheersing vraagt. Vooruitzien moet ertoe leiden dat het aantal wisselvalligheden in het leven afneemt. Geordend leven zal immers het lot gunstig kunnen beïnvloeden. Daarin herkennen we ook weer het magische denken, namelijk dat door een goed leven de goden gunstig gestemd kunnen worden. De perfectionist maakt er een rekensom van. Hij telt voortdurend en zorgt voor een puntentotaal dat hem in staat stelt het noodlot af te kopen. Zo'n handeltje met het noodlot verschaft hem zekerheid: hij heeft zich immers ingedekt en niets op z'n beloop gelaten. Sterker nog, hij heeft op voorhand al zoveel tot stand gebracht dat het noodlot wel wat aan hem verschuldigd is.

Het beginsel van de vereffenende rechtvaardigheid helpt in nog meer gevallen. Zoals bij de verhouding tussen onvermoede en onverwachte resultaten, negatief of positief. Beide veroorzaken immers onzekerheid. Bij positieve resultaten klinkt direct de angst voor 'het ergste' door. Want daarna kan alles alleen maar slechter worden en dat betekent dat men zijn inspanningen moet vergroten om nog hogere cijfers te halen voor vlijt, inzet en goed gedrag. En dat doet de perfectionist dan ook direct. Bij negatieve ontwikkelingen is direct duidelijk dat het tegoed op was, want anders zou zoiets niet gebeurd zijn. Waarop overigens de reactie dezelfde is. Even ontspannen, even wat afstand nemen vermindert direct het denkbeeldige tegoed. De perfectionist moet dan direct de kleine rustpauze weer compenseren door een nog grotere inzet daarna.

Het principe 'oog om oog, tand om tand' laat een simpele opvatting over gerechtigheid zien die behoort bij het type van de 'rechtvaardige', die weet dat hém recht gedaan wordt en die daarom vergenoegd neerkijkt op hen wier 'tegoed' onvoldoende is om zich zonder voorzorgsmaatregelen aan het noodlot over te geven. 'Niets voor niets,' zegt hij, tevreden met zichzelf.

Ik eis van anderen hetzelfde als ik van mezelf eis

Niet voor niets komt in deze zin direct al tweemaal het woordje 'ik' voor. Een oud spreekwoord zegt: 'Graaf Ego hoort, ziet en doet alles het beste.'
Hier spreekt een zeer met zichzelf ingenomen ego. Iemand die zichzelf tot maat aller dingen maakt. Het is niet onredelijk wat ik vraag, want het is niet meer dan wat ik zelf tot stand breng. De prestatie van het perfectionistische 'ik' wordt tot leidraad en meetlat voor andere mensen verklaard. Een lichtend voorbeeld dat navolging verdient en voordelig is, niet alleen voor de betrokkene maar voor de hele mensheid. En

wij roepen klagend: 'Waar haalt 'ie de moed vandaan? Is de perfectionist toch niets anders dan een onverbeterlijke egoïst?' Nee, dat niet. Hij is in wezen een zeer onzeker mens, vol twijfels over wat hij uiteindelijk tot stand kan brengen, maar dat kan hij niet toegeven. Zijn toch al zwakke gevoel van eigenwaarde zou verschrompelen zodra hij ruimte zou geven aan gewetensbezwaren, aan remmende en blokkerende gedachten. Daarom moet alles wat hij denkt en doet volmaakt en onaantastbaar zijn. De allergrootste zekerheid verschaft hem echter de mededeling dat zijn uitgangspunten richtlijnen zijn voor het algemene gedrag. Als iedereen het zo doet kan het niet anders dan juist zijn.

Het 'ik' als maatstaf voor alles en iedereen is ook weer zo'n kenmerk van deze soort mensen: hun neiging tot subjectiveren. Ze kijken naar hun omgeving door de bril van hun eigen mening en hun eigen normen.Visie, beoordeling en houding zijn uitvloeisels van óf hun kwetsbaarheid en angstgevoel, óf hun ideeën en ideologieën. Omdat ze in de omgang met mensen uitgaan van die subjectieve instelling, worden ze in hun oordelen al snel onrechtvaardig, partijdig en bevooroordeeld. Terwijl ze toch zo naar rechtvaardigheid, billijkheid en redelijkheid streven.

We weten al dat een perfectionist ook een geboren schoolmeester is. Met de ruwe grondstof 'mens' is hij niet tevreden. Hij moet daar voortdurend 'iets van maken'. In zijn streven naar perfectie zou hij graag de hele mensheid gelukkiger maken en naar de volmaaktheid leiden. Het kan er bij hem niet in dat niet iedereen dezelfde vreugde beleeft aan de zelfkastijding die het streven naar een hoger doel met zich brengt. Hij is eerder bezeten van de gedachte dat hij lichtend voorbeeld kan zijn en dat zijn hard zijn voor zichzelf en voor anderen, ook navolging verdient.

Uit de geschiedenis kunnen we leren tot welk een destructief gedrag een perfectionist in staat is als hij, met zijn sterke neiging tot overcompensatie, ook nog politieke macht krijgt. Denk maar eens aan Robespierre.

Alleen ijverige mensen zijn geliefd

We kunnen er niet omheen. Perfectionistische mensen zijn in sociaal opzicht vaak zielige gevallen, die ook bij de meest tolerante medemensen weerstand oproepen. Door hun zelfgenoegzaamheid, hun neiging om te bekritiseren, door hun wat bozige, mopperige en ontevreden houding. Ze zijn ook erg veeleisend als gevolg van hun angstige, onzekere, weifelende, soms wat gewetenloze en ontactische persoonlijkheid. Hun geestelijke zwakheid is vaak goed verborgen. In hun uitspraak 'dat alleen ijverige mensen aardig gevonden worden' is daar toch iets van te merken. Voor de perfectionist geldt: liefde zonder inspanning? Dat kan toch niet bestaan.

Hier zie je een gevoel van minderwaardigheid. Uit zichzelf is de perfectionist niet veel waard, hij krijgt pas waarde door zijn prestaties. Zijn eigenwaarde verdient hij door resultaten en prestaties, zij maken zijn identiteit, zij zijn de pijlers waarop zijn persoonlijkheid rust. Hij is wat hij presteert. Liefde en waardering voor hem als persoon bestaan in zijn denken niet. Om geliefd te zijn, gewaardeerd te worden, moet hij bewijzen aandragen die steeds opnieuw van hem gevraagd worden. En dus moeten maatregelen genomen. Het boekhoudschrift met de debet- en creditkolommen regeert, zelfs in de meest intieme relaties. Wie niet van zichzelf houdt – en dat doet de perfectionist niet – kan ook niet van andere mensen houden, hen accepteren en in het hart sluiten. Wie alleen

85

maar houdt van presteren zal ook de ander alleen maar waarderen op prestatie, op functioneren. Aardig zijn wordt al snel vertaald in bruikbaar zijn, iets waard zijn. En opnieuw wordt het eigen beperkte waarnemingsvermogen één op één op de ander geprojecteerd. Voor de beperkte en egocentrische perfectionist is de vrijblijvende wijze waarop iemand die anders in elkaar zit, kan liefhebben en waarderen, een onontgonnen en ontoegankelijk terrein.

De verbinding tussen prestatie en liefde is ook van toepassing op de seksualiteit. Hartstocht is verdacht en gevaarlijk. Gevoelens moeten immers onder controle worden gehouden. Je spontaan laten gaan zet de deur op een kier voor de duivel. De seksualiteit wordt hoofdzakelijk gezien als regelmatig terugkerende drift en volgens een efficiënt schema bedreven. Er moeten mensen zijn die zichzelf een cijfer geven voor de kwaliteit van hun orgasme. Ook de mens voor wie seksualiteit meer is dan vervulling van een plicht, kan er niet aan ontkomen zijn liefdesleven geheel van plichtmatigheid te ontdoen. Ook hierbij geldt dat men zijn plichten volgens de regelen der kunst vervult, dat is men ook zijn partner verschuldigd. Het ultieme bewijs van genegenheid is te zorgen voor een optimale lustbeleving. Het omgaan met de driften, waarover we later nog eens te spreken komen, leidt meestal tot een splitsing tussen seksualiteit en liefde. Als ze liefhebben is lust afwezig, als de lust overheerst geven ze daaraan toe zonder liefde. Om de seksualiteit niet te laten lijken op een verwerpelijke, primitieve en door taboes omgeven lichamelijkheid, maken in het bijzonder de schoonheidsmaniakken de seksuele ontmoeting vaak tot een hoge en reine liefdesdaad die dient plaats te vinden in een perfect voorbereide omgeving (kaarsen, champagne) door perfect voorbereide mensen (in bad geweest, geparfumeerd, gemanicuurd en verleidelijk gekleed). Doet ons dat niet denken aan de adviezen die gewoonlijk worden gegeven om het in de loop der jaren tot sleur geworden seksuele verkeer weer wat op te krikken? De oplossing voor de relatieproblemen komt niet voor niets uit de wereld van het perfectionisme.

Wie wil, die kan

Perfectionisten zijn mensen met een wil, hoewel het sommigen moeilijk valt om daar altijd gevolg aan te geven. Soms staat het geweten dat niet toe.

Mensen met een sterke wil zijn slechts op één doel gericht. Ze beschouwen het besluit om zich op dat ene doel te richten, en niet op iets anders, als een initiatief van het eigen ego. Perfectionisten streven voortdurend naar zelfbeschikking en dus is een persoonlijk genomen besluit of een persoonlijk gekozen doel een belangrijk uitgangspunt. Zij willen iets, dus is dat het belangrijkste. Ze gaan dan, op basis van hun rechtlijnige karakter, vol uithoudingsvermogen, volharding en standvastigheid op weg naar de zelfgekozen doelen. Doorzettingsvermogen, daadkracht en vastberadenheid naar buiten; zelfzucht, zelfoverwinning en inspanningsbereidheid naar binnen. Dat zijn de belangrijkste elementen voor succes. Vlijt, ijver, discipline, plichtsgevoel en overtuiging helpen hen door perioden van ontbering en zorgen tevens voor voldoende motivatie. Ze willen niet alleen, ze kunnen het ook. Waar ligt dan hun probleem?

In de fatale neiging om te overdrijven. Als het willen wordt tot moeten, als het zelf mogen beslissen wordt tot een onechte, verkrampte zelfhandhaving, als een vastberaden trektocht naar het einddoel een compromisloze ambitie wordt, die over lijken gaat, dan zorgen eigenwaan, starheid en hardleersheid voor een uitstraling van onbuigzaamheid, verkramping en zelfpijniging. De tocht naar het einddoel wordt geforceerd, verkrampt en verbeten vervolgd. Discipline wordt tot onverbiddelijke strengheid, doorzettingsvermogen wordt dan meedogenloosheid en onverzettelijke hardheid jegens anderen.

Uit de hele bonte verzameling van menselijke prikkels kiest de perfectionist er slechts één, de wil. Handelen uit plezier, handelen uit liefde voor het onderwerp, handelen ter wille van iemand anders, inzet om zichzelf te ontdekken en te ontwikkelen, inzet als uitvloeisel van eigen aanleg, dat alles kent de perfectionist niet. Voor hem bestaat maar één soort presteren: die hij wil. Want 'wie wil, die kan!'

In zijn overschatting van de wil onderschat hij tegelijk het kunnen. De wil kan het kunnen, het vermogen, de aanleg van een mens stimuleren, bevruchten, tot bloei brengen. Maar omgekeerd is de wil zonder kunnen machteloos. Hij kan er niet meer uithalen dan er in zit. De perfectionistische mens is een psychologische idealist als het om de maakbaarheid gaat en tegelijkertijd een slechte mensenkenner. De almacht van de mens als vormgever van zichzelf is beperkter dan de perfectionist denkt. Het streven naar macht kan veel tot stand brengen, maar niet alles. Zijn beperking ligt in het 'kunnen', in wat hij in huis heeft. En opnieuw gaat het dan om het accepteren van de grenzen. De perfectionist wil die grenzen ontkennen, want zijn wil is sterker dan wat ook. En wat er van hem niet mag zijn, is er dus ook niet.

3. Vrouwelijk en mannelijk perfectionisme

De tot nu toe gebruikte voorbeelden hebben u ongetwijfeld al duidelijk gemaakt dat het perfectionisme specifieke vrouwelijke en mannelijke aspecten kent. Daarover willen we het nu wat uitgebreider hebben.

Perfectionisme heeft erg veel te maken met willen en doen, dat hebben we inmiddels al besproken. Het gaat erom dat de van buiten komende normen en verwachtingen en de innerlijke denkbeelden en opvattingen met elkaar verbonden moeten worden. De perfectionist bespeelt als het ware zichzelf. Hij ziet zichzelf als het voorwerp dat hij zelf kan ontwerpen, vormen en vervolmaken. Die basisopvatting geldt voor hem als individu, maar ook als vertegenwoordiger van sociale groepen of van de sekse.

We weten inmiddels ook dat perfectionisten steeds een vast patroon volgen. Ze zoeken naar erkenning en zekerheid door te voldoen aan algemeen geaccepteerde normen. Hun vraag luidt: 'Wat verwacht men van mij?' om daarna te proberen voor honderdvijftig procent aan die verwachting te voldoen. Wie van nature geen voorvechter is zal nooit voorop lopen om nieuwe rolpatronen te verdedigen. En dus ligt het voor de hand dat perfectionistische mensen eerder passen in de traditionele, stereotiepe rolpatronen van de seksen. Kort gezegd: voor de vrouwen het uiterlijk en het lichamelijke, voor de mannen de status en de prestatie. Hoewel intussen steeds meer mannen ervaren dat het uiterlijk een grote rol speelt bij de beoordeling blijven het toch nog steeds de vrouwen die hun verlangen naar bevestiging, waardering, zekerheid en sterkte via het lichaam uitdrukken. Hun prestatiedrang, hun behoefte naar meer en mooier en hun overtrokken zelfbeeld worden nog steeds via het uiterlijk en de lichamelijke kenmerken ten tonele gevoerd. En ze betreden nog maar weinig het strijdtoneel der mannen, voor wie het uiterlijk – nog – op de tweede plaats komt, maar macht, dominantie, intellect, status en meetbare resultaten voorop staan.

Hoe zien die conventionele rolpatronen er uit en hoe vertaalt de perfectionistische man of de perfectionistische vrouw die naar zichzelf?

De perfecte vrouw

De eisen die aan de perfecte vrouw worden gesteld kennen twee niveaus. Allereerst het niveau van het lichaam, met de vraag: 'Hoe moet ik eruitzien?' en de niet uitgesproken toevoeging 'opdat ik als lid van de vrouwelijke sekse waardering en erkenning krijg'. Dan het niveau van de houding ten opzichte van het verwachtingspatroon, gebaseerd op de gangbare opvattingen over hoe een vrouw zich dient te gedragen en welke eigenschappen sociaal gewenst zijn. Door extra te voldoen aan de gedragscode versterkt een onzekere en wat minder zelfbewuste vrouw haar identiteit. Prima dus, mits de eisen niet zo hoog zijn dat zelfs een perfectioniste er niet aan kan voldoen.

Hoe moet ik eruitzien?

De cultuur en de tijdgeest hebben in de geschiedenis van de

mensheid de vrouwelijke schoonheid altijd verschillend gewaardeerd. Maar wat de norm ook was, voor vrouwen gold
altijd het bevel: 'Wees aantrekkelijk!' Maar ook weer niet al
te zeer, want dat wordt te verdacht gevonden.

Het gaat om een eis die direct leidt tot schoonheidswaan, een
begrip dat we bij het schoonheidsfetisjisme al zijn tegenge-
komen.

De perfecte vrouw die aan dit gebod van aantrekkelijkheid
wil voldoen is niet alleen als mens aan regels onderworpen,
maar ook als vrouw. Haar vrouwelijke zelfbeeld vertoont
gebreken, Ze is niet in staat die zelf weg te nemen, maar laat
ze door anderen wegwerken. Er zijn bereidwillige helpers genoeg: masseuses, fitnesstrainsters, plastisch chirurgen, advi-
seurs op allerlei gebied, van kleurenadviseuses tot mental
coaches, van vrienden en vriendinnen tot echtgenoten. Zij
hebben allemaal voor de aan zichzelf twijfelende vrouw het
ideale plaatje, het beeld waaraan de vrouw moet voldoen om
perfect te zijn.

> Als je er zó uitziet, als je je haar zó draagt, daar wat vet weg-
> haalt, deze rimpels laat wegnemen, alleen nog zulke schoenen
> draagt, waardoor je eleganter loopt, en als je bij het lachen nog
> meer van je gebit laat zien en die mooie nieuwe kronen, dan ben
> je een (bijna) perfecte vrouw, een begerenswaardige vrouw, die
> (bijna) alle vrouwen achter zich laat en (bijna) alle mannen kan
> krijgen.

Met zulke steeds gelijkgestemde uitspraken als ruggensteun
gelooft de perfecte vrouw bijna haar einddoel bereikt te
hebben. Ze voldoet al voor negentig procent aan de norm,
aan die laatste tien procent zal ze hard en zonder morren
werken. Maar men heeft dan twee factoren voor haar
verzwegen. Die laatste tien procent zullen nog heel erg zwaar

zijn. Het is makkelijker om van twintig naar dertig procent te gaan dan van negentig naar eenennegentig. Dat laatste vraagt in wezen veel meer energie. Ze zal zichzelf te gronde richten als ze echt dat hoge einddoel nastreeft. En de tweede factor: het is niet alleen een gevecht tegen cijfers, maar ook een gevecht tegen de tijd, de sterkste en onverslaanbare tegenstander. Bovendien is ze nu nog voor tenminste tien procent echt mens. Wil ze echt naar de honderd procent en daarna een etalagepop of een Barbie zijn?

'Ik doe dat niet voor anderen en zeker niet voor de mannen, ik doe het alleen voor mezelf, omdat ik me dan beter voel' is een veelgehoorde uitspraak. Zo wordt duidelijk hoezeer de verwachtingen van anderen al een deel van haar zelf zijn geworden.

Hoe moet ik me gedragen?

Hierbij staat de vrouw weer onder een heel andere druk. Een druk die duidelijk voelbaar is, maar weinig tastbaar, die subtiel is en verborgen. Het is de druk van het publieke oordeel, dat politiek correct, liberaal, zelfs vrouwvriendelijk is, dat de gelijkwaardigheid van de seksen belijdt, maar er tegelijkertijd dan ook een gelijkwaardige beoordeling aan koppelt. Daaronder zit dan nog een laag met een niet uitgesproken oordeel over hoe de vrouw als persoon moet zijn, zodat man en vrouw – en daarin zien we de tragiek van een gebrekkige vrouwelijke solidariteit – haar acceptabel vinden.

Voor de vrouw die perfect wil zijn doemen twee problemen op. De boodschap is aan de ene kant duidelijk geformuleerd, maar geeft aan de andere kant vaak aanleiding tot discussies. De definitie van een perfecte vrouw wordt door elke sociale klasse weer anders ingevuld. Men heeft dus een zeer goed onderscheidend vermogen nodig om uit te vinden wanneer de omgeving je als vrouw goed vindt. Een vrouw die perfect wil zijn moet dus allereerst haar gevoel voor de juiste signalen goed ontwikkelen. Het motto daarvoor luidt: *wees gevoelig!*

Zo'n vrouw heeft wel een goede antenne nodig om ook de kleinste signalen uit haar omgeving op te vangen. Die antenne moet de bijna niet zichtbare tekens ontvangen, de verborgen aanwijzingen, die haar vertellen hoe en wat ze moet zijn om waardering te oogsten. Wie zo op z'n omgeving moet letten mag zich dan niet door ander geluid laten afleiden. Van binnen moet het dus absoluut stil zijn. Daarom moeten zelfs de zachte en fluisterende stemmetjes binnenin tot zwijgen worden gebracht, die zeggen: 'Maar ik ben zo toch niet, ik ben toch anders.'

Een stereotiep oordeel over vrouwen is dat zij van zichzelf al goede antennes hebben. 'Een echte vrouw voelt goed aan wat de omgeving wil', zegt men algemeen. De omgeving hoeft zich niet al te zeer in te spannen om te laten weten wat men graag ziet. En die moeite kan men zich zeker besparen als men met een perfectionistische vrouw van doen heeft. Vrouwen zijn er per definitie op uit om te weten te komen wat men van hen verlangt. Het liefst al voor de ander daar goed over heeft nagedacht. Natuurlijk blijft het daar niet bij. Er komt een volgende stap. Als men de wensen en verlangens kent volgt ook het inlossen ervan. En dat gaat op basis van het volgende uitgangspunt: 'Eerst komen de anderen en dan jij pas.'

Daarom ook is dit de volgende opdracht voor de perfecte vrouw: *blijf op de achtergrond!*

Hoe kan men een vrouw in een rol krijgen die haar op het

tweede plan zet? Heel eenvoudig. Door te zeggen: perfecte vrouwen kunnen dat en alleen de perfecte vrouwen mogen vooraan staan. Terwijl men haar van jongs af aan leert dat vrouwen eigenlijk niet op de voorgrond horen, kan men haar als lokaas nu de vrouwelijke perfectie aanprijzen. Ze mag pas iets voorstellen als ze is wat ze moet zijn. De val is geraffineerd opgezet. De sociale beloning kan ze pas verwerven als ze zichzelf eerst minder waard verklaart en zich vervolgens tot de volmaakte dienares laat kronen. En het is haar eigen verlangen naar die uiteindelijke beloning, die ervoor zorgt dat ze in die val gevangen blijft.

Wees veelzijdig inpasbaar!

Deze opdracht zorgt voor een hele verzameling rollen waaraan de vrouw van deze tijd moet voldoen. De vrouw van vandaag, zo zegt men, is niet meer dat naïeve huisvrouwtje. Nee, ze is veelzijdig en competent en kan zich op allerlei terreinen van het leven voortreffelijk bewegen. Die kwalificaties krijgt ze als medailles op de borst gespeld, en tegelijkertijd krijgt ze ook nog een paar voorbeelden genoemd van perfecte vrouwen die het ook in het openbare leven hebben gemaakt.

De op die manier gedecoreerde vrouw is trots op haar onderscheiding en ze neemt zich voor, zoals alle bekroonden (die ouwe soldatentruc werkt nog steeds) zich waardig te gedragen, zoals van een gedecoreerde wordt verwacht. En ze is ook van plan te bewijzen dat ze de onderscheiding waard is. En dat doet ze door haar inzet te vergroten.

Dat is weer zo'n trucje waarmee anderen zich verzekeren van een goedkope arbeidskracht. Hoe meer de perfecte vrouw probeert overal haar mannetje te staan, (beroepskracht, huismoeder, gezinshoofd, relatie-expert, seksueel aantrekkelijke partner, moeder, dochter en ouderenverzorgster) des te

handzamer wordt ze voor haar omgeving. Haar nieuwe rol als veelzijdige en competente vrouw, die de perfectioniste zo graag vervult, bevat aan tekst niets anders dan:
– alles alleen doen;
– daar nooit over klagen;
– nooit veeleisend zijn.
Dus moet ze steeds méé
 presteren om de waardering te krijgen die ze verdient en ook wil hebben. Maar ze moet daarbij niet op ópenlijke waardering rekenen.
Als ze voortgaat op die perfectionistische weg dan wacht haar al weer een nieuwe opgave. Ze moet in de spagaathouding om alle rollen goed te vervullen: 's morgens zelfstandige beroepsvrouw en 's avonds opofferingsgezinde verzorgster. Daarom een volgende stelling:
Wees flexibel en bereid je aan te passen.
Die veelzijdigheid van de perfecte vrouw zorgt ervoor dat ze meer op een kameleon lijkt dan op een mens. Dankzij haar scherpe opmerkingsgave ontdekt ze al snel wat van haar verlangd wordt en dankzij haar bereidheid zich aan te passen kruipt ze snel, onopvallend en onverplicht in de gevraagde rol. En daarbij hoeft ze niet eens iets anders aan te trekken. Die rol is immers al tot een deel van haarzelf geworden. Ze heeft de perfecte identiteit van een lappendeken ontwikkeld: wat gevraagd wordt is ze, in welke richting de trends en de opvattingen ook gaan, ze is er al klaar voor. Ze laat zich naar voren roepen en bewonderen, ze is gewillig onderwerp van gesprek voor de omgeving, ze ontvangt waardering voor haar veelzijdige inzet zonder zelf eisen te stellen. Maar in één opzicht laat ze het afweten: ze toont te weinig ruggengraat, zelfs als ze ogenschijnlijk stevig en zelfbewust optreedt. Wie zich als perfecte vrouw laat regisseren, doet dat alleen maar uit gebrek aan eigenwaarde.

Samenvattend: voor de perfecte vrouw bestaat eigenlijk maar één lijfspreuk:

Wees bovenmenselijk!

U zult tegenwerpen dat het patroon inmiddels is gewijzigd, dat heel wat jonge vrouwen minder bereid zijn aan die verlangens te voldoen. Maar waar komt dan die toenemende vraag naar cosmetische ingrepen vandaan? En waarom hebben steeds meer jonge vrouwen last van eetstoornissen en depressies? Waarom leggen een perfect figuur, styling, een 'cool outfit' en modieuze trends dan zoveel gewicht in de schaal? Is de druk op vrouwen werkelijk kleiner geworden of juist nog sterker, meer verborgen en subtieler?

Het is bij de omgangsregels net als bij de verlangens rond het uiterlijk. Elke nieuwe trend zorgt voor andere normen. En de druk om zich aan te passen is onveranderd groot voor vrouwen die aan het hele rollenpatroon willen voldoen.

De strategie van een perfectionistische vrouw

Hoe kan de perfecte vrouw de verwachtingen waarmaken die terecht of ten onrechte aan haar worden gesteld? Natuurlijk behoren de meeste perfectionistische vrouwen tot de categorie die lijdt onder het verwachtingspatroon, zowel van de omgeving als het zelf opgelegde. Ze lijden onder een onzekere houding, hun minderwaardigheidsgevoel, de zelfkritiek op hun gebreken. Maar ook onder de daaruit voortvloeiende aansporing zich te verbeteren, wat niets anders inhoudt dan te voldoen aan de verwachtingen van de omgeving en niet zelf keuzes te maken. Wie zich voortdurend bezighoudt met het uiterlijk loopt het gevaar een schoonheidsfetisjiste te worden. De grote aandacht voor het lichamelijke brengt bovendien ook tobberijen en gepieker over gezondheid en welbevinden met zich mee.

Belangrijk terrein voor de vrouwen is de reinheid, de zuiverheid, de schoonheid, die op een perfectionistische manier bekeken worden. Het onberispelijke geldt zowel voor het lichaam als voor de kleding en de leefomgeving. Op dat gebied het gevraagde niveau bereiken houdt veel vrouwen zodanig bezig en vraagt zoveel energie, dat er voor andere zaken weinig overblijft. Bij de bespreking van de oorzaken, in hoofdstuk 4, stuiten we op de ontkenning van driften, speciaal op seksueel gebied. Het vrouwelijk rolpatroon beweegt zich in de christelijke traditie tussen hoer en heilige. Zuivering, kastijding en vervolmaking van het lichaam dient ook om de hoer in haar te onderdrukken en het beeld van 'reine' vrouw, bijna heilige, te cultiveren. Wees aantrekkelijk, maar niet al te zeer. Dat betekent de grens vinden waar de lichamelijke uitstraling nog net niet omslaat van het toelaatbare, het geaccepteerde, naar het niet getolereerde seksuele.

Verder treffen we nog erg veel vrouwen aan in de categorie moralisten en fatsoensrakkers. Wie haar zelfbevestiging zoekt in maatschappelijke en sociale erkenning zal voor die zaken veel plaats inruimen. Wat is het juiste gedrag om de beoogde status niet in gevaar te brengen? Die vraag maakt eens te meer duidelijk dat ze denken die status niet uit zichzelf, als mens te kunnen verwerven. De voorwaarde voor verandering van het gedrag is duidelijk. Los van de vraag naar de sekse, gaat het erom je onafhankelijk van het gewenste rolpatroon en de verwachte seksuele beeldvorming als (vrouwelijk) mens op te stellen.

De perfecte man

De vrouw als onderdrukte en haar leefwereld (de man dus) als onderdrukker. Dat is een te simpele voorstelling van zaken en een perfectionistische manier van de schuld bij iemand leggen. Zo'n voorstelling van zaken zorgt niet voor vergroting van het wederzijds begrip. Het vrouwelijke stereotiep staat diametraal tegenover het mannelijke. Aan welke zijde de druk van de verwachtingen het grootst is, doet er minder toe. De druk alleen maakt niemand tot perfectionist. Daarvoor zijn ook mensen nodig die bereid zijn aan die druk tegemoet te komen door perfectionistisch gedrag te ontwikkelen. En die zijn er bij de mannen net zo goed als bij de vrouwen. Er is wel een verschil in de uiterlijke aspecten. Bij mannen is het uiterlijk nog niet zo bepalend, drukt het nog niet zo'n stempel als bij vrouwen. Mannen staan meer onder de druk van prestatie- en gedragseisen. Die wegen overigens ook heel zwaar. Dat zien we aan de nu volgende voorbeelden.

Wat moet ik zijn?

Wat zijn de niet uitgesproken eisen die men aan de man stelt? *Wees intelligent.*
Maar welke soort intelligentie dient de perfecte man te vertonen? Vrouwen zeggen te houden van emotioneel, creatief en sociaal intelligente mannen. Mannen met wie ik sprak gaven het volgende commentaar: 'Dat is alleen maar de oppervlakkig geformuleerde eis. In werkelijkheid moet de man wat men noemt 'formele intelligentie' tonen.' Hij moet het voor-de-handliggende, het zinvolle, het wezenlijke snel herkennen. Hij moet logisch redeneren, juist oordelen en

gevolgen van iets snel doorzien. Dat maakt de perfecte man.
Als extraatje ziet men dan ook nog graag een lenige geest:
altijd het woordje klaar, altijd iets uitstralen van de leider.
Als een logisch vervolg hierop ervaren degenen die de
perfecte man willen worden, nog een tweede aanwijzing:
Bepaal de richting.
Leiderskwaliteiten staan nog steeds hoog genoteerd. En hier
ligt de oorzaak van het feit dat mannen de eisen en verwachtingen van vrouwen als onduidelijk en dubbelzinnig ervaren.
Openlijk worden andere verwachtingen uitgesproken dan die
men in stilte eigenlijk liever zou hebben. Mannen hebben het
moeilijk met die verschillende en onverenigbare boodschappen. In de traditionele opvattingen over de verhouding tussen
man en vrouw wordt van de man verwacht dat hij de leiding
neemt. Die opvatting leeft nog wel, maar steeds meer onuitgesproken en verborgen. De leiding nemen mag wel, maar
niet opzichtig en alleen als de vrouw er om vraagt.
Naast de opdracht 'Bepaal de richting' spelen nog drie van
die onuitgesproken eisen een rol:
Wees succesvol en rijk.
Verwerf status.
Wees sterk.
Daarmee wordt de functie van de mannelijke status gelegd
naast de vrouwelijke functie van het uiterlijk.
Sociobiologen verklaren het voortbestaan van dat rolpatroon
als volgt. Vrouwelijke aantrekkelijkheid is gebaseerd op de
lichamelijke verworvenheden uit de jeugd. Gladde, strakke
huid, frisse kleur, beweeglijke en slanke ledematen vormen
het toonbeeld van gezondheid en ze garanderen een talrijk
en gezond nakomelingschap. Dat komt dan tegemoet aan het
verlangen van de mannen naar een goede voortplanting. Ook
nu we in onze hoog ontwikkelde samenleving niet meer een

groot kindertal nodig hebben om later goed verzorgd te worden, blijven mannen aan die voor de evolutie zo zinvolle aspecten wel waarde toekennen.

De aantrekkelijkheid van een man, zo gaat de redenering verder, is gebaseerd op zijn status. Een hoge status van de vader geeft de nakomelingen een grotere kans op overleven en dat is niet onbelangrijk nu de geboortecijfers steeds verder afnemen. Een hoge status is immers het bewijs van doorzettingsvermogen, intelligentie, sterkte en resultaat. Dat die hogere status pas op latere, en dus hogere leeftijd bereikt wordt, verklaart ook waarom de aantrekkelijkheid van de man in de loop der tijd toeneemt, waar die van de vrouw steeds verder afneemt. Ook bij vrouwen die status verwerven, door zelf prestaties te leveren, blijven op de achtergrond toch die verborgen eisen voor de man bestaan. De vraag die de perfecte man stelt is dus niet alleen 'wat moet ik zijn', maar ook:

Wat moet ik bereiken?

De dubbelzinnige opdracht aan de man kent nog meer aspecten. Die worden regelrecht benoemd en botsen eigenlijk met de onuitgesproken verlangens. Hier komen ze :
Wees meelevend.
Wees attent.
Luister naar me.
Toon begrip voor me.
Dat zijn dan wel de klassieke vrouwelijke eigenschappen, die nu ineens van de man worden gevraagd. Hoe komt dat?
De vrouwen ontdoen zich langzamerhand van de jarenlange overvraging op dit gebied. Ze geven die verwachtingen nu als het ware aan de man terug, om ze vervolgens direct weer

100

terug te eisen in een andere formulering, namelijk dat hij emotionele kwaliteiten ontwikkelt en vervolgens de vrouw in haar emotionele verlangens tegemoet komt.

De perfecte man dient tevens de perfecte partner te zijn. Hij dient status en emotionaliteit te verenigen en dan het liefst voor honderd procent. 'Weekhartig en vechtjas tegelijk', zoals een jongeman het eens berustend en begripvol heeft geformuleerd.

De verwachtingen zijn voor de perfecte man dus net zo hoog als voor de vrouw. Ook hij dient een supermens te zijn. En dat is zelfs niet genoeg, er moet nog iets bij:

Wees representatief.

Status en voorkomen horen bij elkaar. Ook de man voelt zich overvraagd in de eis om representatief en voorbeeldgevend te zijn. Hij heeft het gevoel dat die rol het belangrijkste wordt geacht en dat hij menselijk gezien verkeerd behandeld wordt als hij alleen maar op die status wordt vastgepind.

Maar 'wees representatief' betekent nog meer. Juister geformuleerd betekent die eis: wees attractief, zorg dat ik met je kan pronken. En daar sluipt dan de lichamelijke kant het mannelijk rolpatroon binnen. Statussymbolen alleen zijn niet voldoende meer. De eis is: naast de opvallende auto ook het opvallende uiterlijk. Het getrainde lichaam wordt tot nieuw statussymbool en de man ervaart steeds meer wat vrouwen al heel lang weten: dit statussymbool heeft de vervelende eigenschap dat het niet te koop is. Hier doet zich tevens een soort van democratisering voor: zelfs de man die niets bezit heeft toch altijd nog zijn lichaam.

Het motto dat we hier bespreken heeft ook nog een speciale ondertoon: 'wees presentabel'. En hierin wordt dan de eis aan de man als object, als voorwerp uitgesproken. Hij moet naast zijn leiderscapaciteiten ook nog een bereidwillig en dienstbaar voorwerp ter bewondering zijn, dat zich onder alle omstandigheden ten toon laat stellen. Ook daarin dragen de vrouwen de eerder aan hen gestelde eisen en verlangens over op de man: 'Wees flexibel en pas je aan' geldt tegenwoordig ook voor mannen.

Dit alles betekent dat er ook op de man flinke druk komt te liggen, als hij een perfecte man wil zijn.

Welke perfectionistische gedragingen benut de man dan om de situatie zo goed mogelijk naar zijn hand te zetten?

De strategie van een perfectionistische man

Naar zijn hand zetten, zo luidde onze formulering. Onder controle krijgen is een betere omschrijving. En daarmee is het kernwoord genoemd. Het type controleur, en de daaraan verwante types, zijn geschikt voor mannen die houden van strategieën en concepten. Controle – maar dan wel controle over anderen – is een machtsinstrument dat hen wel ligt, vooral omdat ze de voorkeur geven aan een strijdperk dat buiten henzelf ligt. Vrouwen treden liever als controleurs van zichzelf op. Zij zijn geneigd de problemen meer bij zichzelf te zoeken. Maar zij hebben dan ook veel minder mogelijkheden om macht over anderen uit te oefenen. Dus blijft voor hen vaak alleen de huiselijke omgeving over als voorwerp van perfectionisme, of in het uiterste geval alleen zichzelf. We hebben hen in die rol al leren kennen als chronische mopperaarsters en ontevreden klaagsters. Mannen bevinden zich veel meer in een omgeving waar macht een rol speelt en dat geeft hen de gelegenheid zich daar perfectionistisch uit te leven. Wat bij de vrouw als kleingeestig en achterbaks gemopper wordt gezien, is bij de mannen een onverbiddelijke demonstratie van machtsuitoefening, een soort korporaalsgedrag. Zij zetten in grootse stijl anderen op hun nummer om daar zelf groter en beter van te worden.

Dat mannen de eisen ten aanzien van status en succes serieus nemen en dus prestatiefetisjisten eerste klasse worden, die voortdurend naar het allerhoogste doel streven, is vanzelfsprekend. Naar mijn mening hebben deze mannen sterk de neiging zichzelf in overdreven vorm te verdedigen of te beschermen, waardoor ze hét prototype zijn van mensen die het zelfbeeld koesteren en ook het alles-of-nietsdenken aanhangen. Ze schakelen makkelijk één kant van hun persoonlijkheid uit. En op basis van hun (schijn)zekerheid en zelfingenomenheid kunnen ze zonder veel problemen de rol spelen van criticaster of van de succesvolle persoon die vanuit een verheven positie van onfeilbaarheid en onaantastbaarheid bepaalt wat lager dient te gebeuren.

Naar mijn mening zijn ze ook sterk vertegenwoordigd in de categorie beginselmaniakken. Ze houden niet van de complexe, tegenstrijdige en weinig consequente opvattingen van het leven, waar vrouwen nou juist zo open, eerlijk en onbeholpen tegenover staan. Ze benadrukken juist de duidelijke, niet voor tweeërlei uitleg vatbare denkpatronen. Want daardoor wordt het bestaan minder gecompliceerd en kan men er voluit voor gaan. Dat duidelijke wereldbeeld leidt tot duidelijke strategieën en dus tot meer zekerheid in het optreden. We treffen mannelijke perfectionisten daardoor relatief vaak aan in de vermomming van de beweter die overal een mening over heeft. In de politiek, als leidinggevende in een bedrijf of aan de stamtafel in de kroeg. De perfectionistische man heeft vaak het hoogste woord, een manier om de eigen onzekerheid te overstemmen en het ego te versterken. Voor de perfectionistische vrouw is dat vaker de nieuwe jurk die niemand anders draagt en ieder bewondert.

Maar laten we niet vergeten: zoals er geen eenduidige typeringen voor perfectionisten bestaan, zo laten mannen en vrouwen zich ook niet makkelijk indelen in alleen maar de hokjes die door het geslacht worden bepaald. Ik zie bepaalde ontwikkelingen en tendensen, maar tegelijkertijd weet ik dat elk statistisch gemiddelde mede wordt bepaald door de uitersten aan beide kanten.

4. Oorzaken, verklaringen en uitleg

Om het denken en voelen van perfectionistische mensen, hun eigenaardigheden en hun gedrag wat meer inzichtelijk te maken, zijn we in de vorige delen al een beetje vooruitgelopen op oorzaken en verklaringen. We gaan ons daar nu wat uitgebreider mee bezighouden.

- Waardoor wordt een mens een perfectionist?
- Waardoor ontwikkelt de ene mens wel perfectionistische karaktertrekken en de andere niet?
- Welke invloeden spelen een rol?
- Zijn opvoeding en sociale omgeving doorslaggevend bij de ontwikkeling tot perfectionist?
- Waarom worden perfectionistische kenmerken niet makkelijk prijsgegeven?

De perfectionistische basisstructuur

We hebben het al gehad over de perfectionisten die koste wat kost willen voldoen aan het verwachtingspatroon, over de optimumfanaten en de regelfetisjisten. Het lijkt voor de hand te liggen dat de eisen van de ouders, de aard van de opvoeding, de voorbeelden uit de omgeving, de leerprocessen en de opgedane ervaringen, leiden tot perfectionistische trekken bij een kind, die vooral zichtbaar worden als ze later volwassen zijn. Maar zo eenvoudig ligt het niet. Gelukkig maar voor ouders en opvoeders. Zij kunnen gerust zijn, ze zijn niet de enige schuldigen, hoewel ze er wel hun bijdrage aan leveren. Zoals bij alle complexe psychologische verschijnselen moeten we ook hier ervan uitgaan dat bij het ontwikkelen van perfectionistisch gedrag meerdere factoren een rol spelen. Een voorbeeld:

Het verbazingwekkende gezin Pieters

Mevrouw en mijnheer Pieters hebben twee dochters in de puberleeftijd. Het is een opmerkelijk gezin, dat duidelijk anders leeft dan de gezinnen om hen heen. Mieke en Wout Pieters hebben in hun gezin zo'n beetje dezelfde taken. Beiden hebben werk buitenshuis, maar hebben ook zo hun huishoudelijke plichten. Stijl van kleden en wonen is praktisch, doelmatig en een beetje nonchalant. De familie Pieters leidt een eenvoudig leven, geeft om de natuur en heeft een paar huisdieren. Er is aandacht voor alternatieven in koopgedrag en leefwijze. Huis en tuin worden intensief gebruikt en maken daardoor een wat minder opgeruimde en nette indruk dan die van de buren. De familie Pieters vormt allesbehalve een perfectionistisch gezin. En waarom kunnen zij dan toch zo'n mooi voorbeeld zijn voor onze uiteenzetting over oorzaken van perfectionistisch gedrag?

Dat zou ook niet kunnen als er niet de oudste dochter Tanja was. Naar buiten voldoet Tanja aan het beeld dat het gezin uitdraagt. Wie haar echter beter leert kennen, haar kamer en persoonlijke leefomgeving ziet, komt niet meer bij van z'n verbazing. In een huis met open deuren, vol vrolijke en spontane gezelligheid, is de deur van Tanja's kamer bijna altijd dicht. Haar pijnlijk punctueel opgeruimde privé-domein vormt een grote tegenstelling met de rest van het gezellig rommelige huis. Tanja houdt van regelmaat en heeft voor haar activiteiten – school, muziekles, vriendinnen – strakke indelingen gemaakt. Voor haar lessen heeft ze een speciaal rooster dat per uur aangeeft wat ze aan leerstof tot zich moet nemen. De rest van het gezin eet op wisselende tijdstippen, al naar gelang de overige activiteiten op de dag, maar Tanja eet elke dag op dezelfde tijd en heeft zelfs geheel vegetarische dagen ingeroosterd. Wout en Mieke kijken daar met verbazing naar. Ze was als kind al op regelmaat gesteld. Zo kon ze bijvoorbeeld in een andere omgeving nauwelijks in slaap komen. Bij het spelen was zij degene die uitdeelde en opruimde (alle rode bij rode en grote bij grote blokken) en later heeft ze steeds de speeltjes in een vaste volgorde hun eigen plaats gegeven. Dat leidde soms tot grote ruzies met haar zusje, die de gewoonte had alles door elkaar te gooien. Tanja hield ook altijd van schoon speelgoed. Mieke Pieters kan nu nog met een glimlach vertellen hoe haar kleine meisje huilend de handen vooruit stak, vies door kleverig en nat zand. 'Ze zal ook nu nooit met haar handen deeg kneden of in de tuin werken, hoewel ze graag in de tuin of in de natuur verblijft.'

Tanja Pieters is ogenschijnlijk een bijzonder meisje en wellicht daarom een goed voorbeeld voor de stelling dat iemand in aanleg al perfectionistische karaktertrekken heeft. We spreken dan van een gedwongen persoonlijkheid. Bij mensen met deze aanleg worden makkelijker en sneller perfectionistische trekken ontwikkeld. Het zou echter onjuist zijn om een directe relatie te leggen tussen gedrag en aanleg. Omgevingsfactoren spelen een grote rol. Ze kunnen de ontwikkeling van perfectionistische karaktertrekken stimuleren, maar ook remmen.

In het geval van Tanja Pieters is er nog een belangrijk gegeven. Op basis van haar aanleg ontwikkelt zich bij haar een grote hang naar zelfstandigheid. Die zorgt dat ze zich meer en meer tegengesteld aan de rest van het gezin gedraagt. Haar perfectionistische trekjes dienen dus ook om zich tegen haar familie af te zetten en een eigen identiteit te ontwikkelen. Die zoektocht naar haar identiteit doet zich juist sterk in de pubertijd voor, omdat ze aanleg voor perfectionistisch gedrag vertoont. Als ze ergens anders was opgegroeid dan was ze bij de ontwikkeling van haar persoonlijkheid ongetwijfeld een andere richting ingeslagen. Dan had men die perfectionistische trekjes ook wel in haar herkend, maar die waren dan minder pregnant geweest.

De persoonlijkheid die zijn eigen lot wil bepalen bezit kenmerken die tot het ontwikkelen van perfectionistische karaktertrekken kunnen leiden. Het scala van perfectionisten is echter veelkleurig en divers. Van onzekere piekeraars tot dictatoriale tirannen of altijd ontevreden kankeraars. Niemand verenigt alle kenmerken in zich. De persoonlijkheid die zelf het lot wil bepalen loopt de kans een paar onderdelen van het perfectionisme te ontwikkelen. Welke dat zijn hangt af van de overige karaktertrekken en van de omgeving waarin men opgroeit. Perfectionistische ouders geven niet alleen de genen door, maar geven in de opvoeding natuurlijk ook het voorbeeld. Hun gedragingen worden nagevolgd, soms echter ook afgewezen. In het laatste geval krijg je het afzetten tegen het gedrag van de ouders en het aanleren van een tegengesteld gedrag. Bovendien ontwikkelt de in aanleg perfectionistische persoonlijkheid ook een speciale antenne om signalen van anderen op te vangen en te vertalen. Men merkt op wat men zien wil en wat bij de eigen persoonlijkheid past. Dat maakt ook begrijpelijk dat broers en zusters uiteindelijk in gedrag zo van elkaar kunnen verschillen, zoals meestal het geval is.

En daarom zijn er ook voorbeelden van gezinnen die volstrekt tegengesteld zijn aan de familie Pieters te vinden. Gezinnen met meerdere perfectionisten, waarin toch weer een chaotisch kind opgroeit met laat-maar-waaienneigingen. Een verklaring daarvoor is dan dat het ene kind niet de juiste voedingsbodem was voor de voorbeelden van de ouders, terwijl de andere kinderen dat wel waren. Het zou ook kunnen zijn dat dit kind zich opzettelijk aan het modelgedrag heeft onttrokken. In dat geval hebben we te doen met een 'omgekeerde Tanja'.

De andere kant – Verdringing en verdediging

In de beschrijving van de psychologische kenmerken van perfectionisten ging het steeds ook om zaken als beperking en oppervlakkigheid. Belangrijke aspecten van emotioneel en van sociaal gedrag zijn zwak of zelfs afwezig. Dat duidt erop dat perfectionisme ook een neurotisch element kan bevatten. Dat noemen we dan in de dieptepsychologie het mechanisme van de verdringing. De perfectionist splitst die delen van zijn persoonlijkheid af die teveel van hem vragen en die hij niet de baas kan. En dan gaat het in het algemeen om de onderdelen angst, agressie en driften.

Alleen het volmaakte is onsterfelijk

Waarom veegt de schoonheidsmaniak steeds alles af, waarom maakt hij schoon, poetst en wrijft hij zijn omgeving op tot hij zich erin kan spiegelen? Waarom lijnt de lichaamsmaniak voortdurend, waarom smeert hij crème en zalf, schmink en poeder, waarom laat hij zich liften en strakker maken? Er moet wat weggewerkt. De sporen van de voortschrijdende tijd, de tekenen van verval, de littekens van het leven, die als veranderingen, vlekken, scheuren, vouwen, randen en krassen het eens zo smetteloze figuur vervormen.

109

Perfectionisten zijn meesters in het bewaren, letterlijk en figuurlijk. Ze zijn de fanatieke strijders tegen de tand des tijds. Hun grootste misvatting is, dat er geen tijd bestaat en ook geen dood, want die gedachte kunnen ze niet verdragen. Ieder vlekje, ieder smetje, ieder klein foutje, iedere geringe misvorming vergroot hun angst voor de onafwendbare ouderdom en de allerlaatste nederlaag, de dood. Elk spoor dat het leven bij hen trekt, doet hen voortdurend denken: 'Ook ik ben onmiskenbaar op weg naar het einde; deze rimpel en die vlek tonen klip en klaar het verval aan. Er is geen ontsnappen aan, voor niets en niemand.' En in vertwijfeling roept de perfectionist daar nog achteraan: 'Maar ik zal het zo lang mogelijk rekken. Laat me de illusie dat het nog niet te laat is, dat ik er nog goed uit kan zien. Laat me toch nog de betovering van de schone schijn, zodat ik de angstaanjagende werkelijkheid nog even buiten de deur kan houden!'

Wat is in deze wereld nog onsterfelijk? Alleen de meest volmaakte creaties van mensen. Alleen de allermooiste muziek, de allermooiste afbeeldingen en woorden slagen erin aan verval, dood en vergetelheid te ontkomen. Aan die mogelijkheid klemt de perfectionist zich vast, met een kinderlijk geloof in magische krachten. 'Misschien lukt het ook mij om onsterfelijk te worden, als ik iets creëer wat een fractie van volmaaktheid of tijdloosheid bevat. En als ik er de dood dan niet mee kan ontlopen, dan leidt het in ieder geval tot een minder vroegtijdig of minder gruwelijk einde. Er zal toch wel gerechtigheid zijn in het leven. Om die af te dwingen is mij geen inspanning te groot!'

De andere versie van de perfectionist die indruk maakt, die zijn omgeving vaak als klein, armzalig en mislukt voorstelt, is de angstige, zwakke en overvraagde persoon, die de ogen sluit voor de onthutsende werkelijkheid van het leven en zich verschanst in de met veel moeite en kosten opgebouwde schijnwereld.

Niemand mag het weten

Met schijn en maskerade, met pseudo-vlijt en pseudo-zekerheid beschermt de perfectionist zich tegen de voor hem onverteerbare en onacceptabele waarheden. Eén van die waarheden is de eindigheid van het leven. Een andere de beperktheid van de eigen persoonlijkheid. Daarover willen we het nu hebben.

Het door hem gevoede, gekoesterde en verzorgde ideale zelfbeeld is de tweede grote hersenschim van de perfectionist. Hij fantaseert een volmaakte 'ik' bij elkaar, bouwt hem verder op, geeft hem vorm, kortom 'perfectioneert' hem. Niet alleen om de angst voor het einde te onderdrukken, maar tevens de angst voor zijn eigen beperkingen en vele fouten. Hij weigert te accepteren dat hij als mens ook zijn onvolkomenheden en fouten heeft. Zoals een kleine fout staat voor een algehele ondergang, zo ziet hij een eigen menselijke zwakheid als symptoom van een algehele morele verwording, die voor het aangezicht van de gehele wereld verborgen dient te blijven. De geheimenisvolle perfectionisten verbergen niets anders dan het geheim van hun ware persoon.

Ook in dit opzicht zijn ze psychologisch onvolwassen en blijven ze steken op het ontwikkelingsniveau van een kind. Wat is er met hen gebeurd?

In onze ontwikkeling als kind doorlopen we allemaal het stadium waarin het ideale zelfbeeld overheerst. Bij het ontwikkelen van die eigen 'ik' en de ontdekking van het lichaam, tijdens de kleuterjaren, wordt de identiteit in herkenbare structuren gevormd en zichtbaar. Dan begint ook de fase waarin we ons 'gewone ik' willen opvijzelen tot een 'fantastische ik'. 'Ik kan' wordt dan snel tot 'ik kan alles'. Kleuters fantaseren over machtigen en alleskunners, waarbij de grenzen van de werkelijkheid vervagen: prinsessen, astronauten, autoracers, oerwoudontdekkers, alles is mogelijk. Als ze dan naar school gaan maken ze kennis met de realiteit van het leven. Met de sociale aspecten als je best doen en je meten met kameraden en vriendinnen. In die periode wordt het 'fantastische ik' weer tot de werkelijkheid teruggebracht. Er begint een onderscheid te ontstaan tussen wat denkbaar en wat realiseerbaar is, tussen wat in eerste aanleg mogelijk lijkt maar in werkelijkheid onmogelijk is.

Dat gebeurt echter niet bij de perfectionist. Die wil geen afstand doen van zijn 'fantastische ik'. Integendeel, hij koestert en versterkt dit 'ik'. En de werkelijkheid dan, de realiteit van het leven? Een psychoanalytische constatering is dat het ideale zelfbeeld nooit communiceert met de omgeving, met de wereld. Waar zelfs de goden nog wel eens van de Olympus neerdaalden naar het aardse, daar mag het ideale zelfbeeld nooit zijn Olympus verlaten. Het kent geen ramen, alleen maar spiegels, waarin het voortdurend zichzelf ziet. Het mag ook niet met iets anders kennismaken, want dat zou z'n ondergang betekenen. De andere kant, de onooglijke zuster of de lelijke broer die de 'werkelijke ik' is, moet verborgen blijven.

Er is een bekend voorbeeld uit de mythologie. De geschiedenis van koning Minos van Kreta, het onderaardse labyrint en de gevangen Minotaurus. Koning Minos wilde zijn heerschappij over de zee versterken en vroeg de goden om hulp. De god Poseidon verhoorde de bede van de koning en liet een stier uit de zee komen, die zou dienen als offerdier, om de heerschappij van Minos te bevestigen. Maar Minos liet de stier in zijn kudde opnemen en zocht een ander offerdier uit. Uit wraak zorgde de boze en bedrogen god ervoor dat de vrouw van Minos verliefd werd op de stier. Uit hun hartstocht werd de Minotaurus geboren, half mens, half stier.

Zoals daarna koning Minos de Minotaurus in het onderaardse labyrint verborgen hield, teneinde hem uit de openbaarheid te houden, zo houdt ook de perfectionist de waarheid over zijn persoon verborgen en presenteert hij naar buiten alleen zijn schijnpersoonlijkheid. Koning Minos kon het zich niet veroorloven de waarheid over zijn misstap publiek te maken. Zelfs zijn hoge en onafhankelijke positie kon niet voorkomen dat hij dan rekening en verantwoording had moeten afleggen. En dan zouden wij, gewone stervelingen, dat wel kunnen?

De Minotaurus bleef overigens niet helemaal onzichtbaar. Hij eiste in ruil voor het gedwongen verblijf in de onderaardse kerker een jaarlijks offer, zoals bij alle draken, in de vorm van – wat ook symbolisch geduid kan worden – onschuldige jongens en meisjes.

Ook wij moeten een offer brengen, tol betalen als we naar buiten toe slechts ons zo onberispelijke en zuivere voorkomen willen tonen, onze zo volmaakte buitenkant zonder vuil of vlekken. De perfectionist betaalt dan overigens het meeste. Zijn bijdrage heet: afzien van al wat mogelijk is in het leven, geen gevoelens durven uiten, geen vreugde tonen, niet ongecompliceerd leven zonder dwang, niet spontaan of creatief zijn, geen verrassende invallen toelaten of toegeven aan impulsieve gedachten. In ruil voor deze tol, die overigens niet jaarlijks maar elke dag, elk uur, elke minuut betaald moet worden, blijft zijn Minotaurus in de krochten van zijn geest verborgen, kan niemand hem zien of horen, kan niemand hem waarnemen. En de perfectionist is hem al spoedig vergeten en blijft ervan overtuigd dat alleen de zichtbare buitenkant telt.

Niet alleen schoon, maar ook zuiver

We blijven nog even bij het beeld van de Minotaurus.
De tegenhanger van het ideale zelfbeeld is het negatieve zelfbeeld. Dat is onze Minotaurus, de niet geliefde en afge-wezen kant van onze persoonlijkheid. De 'schaduw', zoals Jung die noemt, alles wat achter de bedachte en openlijk ten toon gespreide buitenkant van onze persoonlijkheid ligt. On-verwerkte angsten, vervelende karaktertrekken, niet-geaccep-teerde eigenschappen en verdrongen persoonlijkheidskenmer-ken vormen onze onderwereld. Maar ook de verboden ver-langens, de driften, de fantasieën.
Tot het geheel van de mens horen ook de lichamelijkheid en het seksuele, ook geuren en uitwerpselen, stank en darmge-luiden, behoeften en driften. Allemaal elementen die in de ogen van het steriele, en aan de werkelijkheid onttrokken ideale zelfbeeld als primitief en onbeschaafd, als weerzinwek-kend en vies, als gevaarlijk en onberekenbaar, als verboden en zondig worden bestempeld. Dat alles moet de perfectionist achterhouden, om het heilige oog van het verheven en reine zelfbeeld niet te beledigen en ontheiligen. Er moet een façade van onberispelijkheid worden opgetrokken waarachter de vervuiling door de eigen driften verborgen blijft. De verdrin-ging van de seksuele energie die de reine, onberispelijke en supergecontroleerde perfectionist toepast, wordt in de dieptepsychologie als een wezenlijke oorzaak gezien. Dat deze uitleg niet tegenstrijdig is, wat vele leken wellicht denken,

114

mag blijken uit het vervolg op die verdringing. Het is namelijk juist dit aspect dat zo'n belangrijke plaats inneemt in de gedachtewereld van de reinheidsfanaten of de regelmaniakken. Die zijn niet alleen bezig de echte vuiltjes weg te werken, maar ook de geestelijke vervuiling om zich heen. De morele verontwaardiging, de onverbloemde wijze waarop de problemen bij de naam worden genoemd, de meedogenloze onthulling van fouten, schuld, verval en schande zorgt voor een uitlaatklep voor de verdrongen eigen schuldgevoelens: 'niet laten voortwoekeren, er tegen vechten' luidt hun devies. 'Onbaatzuchtig' verdelgen ze het kwaad, ter wille van een reine en verheven samenleving. Ze zoeken de confrontatie met de gekozen tegenstander, in feite een stuk van hen zelf, met de nadrukkelijke bedoeling hem te bestrijden.

Ook hier is de Minotaurus weer een goed voorbeeld. Wie anders dan hij is het symbool van seksuele schuld? Om deze Minotaurus, deze razende stier uit Kreta, werkelijk in toom te houden zijn sterke hekken, muren en deuren nodig. En de perfectionist bouwt die. De regels en verordeningen, de handelingen uit gewoonte en de stereotiepe, arrogante gedragingen vormen de blokkades die de perfectionist voor de ingang van het verblijf van zijn Minotaurus opwerpt, als afweer tegen zijn driften en als straf voor zijn verborgen verlangens.

Leven in de onderwereld

Omslaan in het tegendeel. Zo noemen we de verdediging die we hierboven hebben beschreven en die de perfectionist gebruikt in zijn strijd tegen de ongewenste kant van zijn persoonlijkheid.

Zo'n opvallende omslag zien we ook bij de openlijke en de verborgen kant van de perfectionist. In de openlijke 'bovenwereld' die voor iedereen zichtbaar is, heersen bekrompenheid, saaiheid en stilte. Dat is het goed onderhouden huis, waarin niets mag stukgaan, vuil worden of veranderen, omdat anders het verval toeslaat.

Daar staat een heel andere wereld tegenover: groot en uitnodigend, de woning van de Minotaurus, het verborgene, de grote 'onderwereld' van de perfectionist. Want de machtige Minotaurus, vol van verdrongen zaken en verborgen verlangens, heeft veel ruimte nodig en lange gangen. Die moeten steeds verder in de diepte worden aangelegd opdat het dreigende gebrul van het reusachtige ondier in de bovenwereld niet hoorbaar is. Die verbouwing en uitbreiding kosten veel tijd en energie en verhinderen de perfectionist te bouwen aan zijn echte leefwereld.

Tot het systeem van verdringing van die kanten, waarvan de Minotaurus steeds groter en dikker wordt, behoort ook de agressie. Perfectionisten voelen vaak woede en verbittering, dreigen agressief te worden, maar mogen dat niet. In hun mooie en ideale zelfbeeld passen geen primitieve driften, niet op het gebied van eten en drinken, niet in taal en gebaren, noch in seksualiteit of boosheid. 'Een beheerst persoon laat zich niet zomaar gaan, hij ontspoort niet, verliest niet de grip. Hij heeft andere en betere manieren om zijn agressie te tonen en er mee om te gaan.' Dat zou een uitspraak van een perfectionist kunnen zijn. Maar op welke manier gaat de perfectionist dan om met zijn agressie, zijn gevoelens van boosheid, zijn ergernis, teleurstelling en frustratie, allemaal begrijpelijke reacties in het soort leven dat de perfectionist lijdt? Wat niet benoemd, getoond en beleefd mag worden krijgt een andere verschijningsvorm. Die gevoelens komen dan aan de oppervlakte als voortdurende ontevredenheid, of bijvoorbeeld als ontstemming of als verongelijktheid. 'Ik ben helemaal niet boos', zegt de perfectionist en blijft dagenlang met een verongelijkt gezicht rondlopen. 'Met mij is niets aan de hand', is een andere uitspraak die door een veelbetekenend en langdurig zwijgen wordt gelogenstraft.

Bij het verwerken van agressie en boosheid vervalt de perfectionist in een verbeten zwijgen, in gekrenkte trots, in kinderlijke vormen van afwijzing, in ijzige blikken of in dodelijke minachting. Zijn arsenaal is groot, bevat veel varianten. Eén ding kan hij niet: het verlossende woord spreken. En degenen die de methode van zwijgen niet volledig beheersen kankeren, schelden en leveren kritiek op de wereld om hen heen en op allen die daarbij horen. Een grote aanleg voor agressie, met tegelijkertijd grote remmingen om die agressie te uiten, noemen de psychologen dat dan. En de uitweg? Verdringen! En de Minotaurus wordt dikker en dikker en dikker.

Met het toenemen van het lichaamsgewicht wordt ook zijn honger groter. Het volgevreten, vette monster moet gevoed worden, de Minotaurus eist een hogere tol. Waaruit moeten de 'betalingen', de offers die hem rustig houden, bestaan? Koning Minos had het makkelijk. Hij kon terugvallen op de belastingbetalers van Athene die hem elk jaar een aantal jonge mannen en vrouwen moesten leveren. En een oorlog zou hem ook goed van pas zijn gekomen om het voedsel voor het monster te verkrijgen. Gelukkig werd hij uiteindelijk gered door zijn dochter Ariadne en haar Theseus, die met behulp van een kluwen wol erin slaagden het labyrint te ontvluchten en het probleem voor Minos op te lossen. Maar wat moeten wij als het 'geld' voor de verplichte bijdrage opraakt? Als we hem niet meer te eten geven laat de hongerige Minotaurus zich direct luidruchtig horen. Hij klimt vanuit zijn diepe hol naar boven, maakt veel misbaar, boert en stinkt. Zijn uitwerpselen beginnen de bovenwereld al te verpesten, zijn gebrul vervult de schepping met angst en beven. Zo wordt de situatie voor de perfectionist die de prijs voor de voortdurende verdringing niet meer kan betalen, niet meer kan opbrengen. De stenen voor de ingang van het labyrint verschuiven al, de eerste scheuren worden zichtbaar, de verdediging faalt. Duistere angsten, paniekaanvallen en verstoorde lichaamsfuncties laten zien dat de 'onderwereld' omhoog komt. De angst voor de catastrofe is eigenlijk de angst voor het démasqué.

Het ijzeren masker

Alexander Dumas heeft een roman geschreven over de man met het ijzeren masker. Een verhaal over de Franse koning en zijn tweelingbroer, die zijn gezicht achter een ijzeren masker verborg om blijvend zijn identiteit te verhullen, teneinde de heerschappij van zijn broer niet in gevaar te brengen. Tenslotte moest de zwakke koning toch nog van plaats ruilen met de man van het ijzeren masker.

Deze beschreven gebeurtenis vraagt om een vergelijking. Bezit ook de perfectionist niet zo'n tweelingbroer, namelijk zijn verdrongen andere identiteit, die niemand mag zien? Hij houdt die immers ook verborgen achter een ondoordringbaar masker van conventie, aanpassing, onberispelijkheid en het verlangen naar goed optreden tot elke prijs.

De perfectionist heeft een grote angst voor het moment waarop het geheim van het ijzeren masker toch nog onthuld zal worden. Hij weet dat hij zelf te zwak is om het bevrijde, ontmaskerde alter ego te kunnen weerstaan. Hij zou niet opgewassen zijn tegen de kracht van zijn tweede persoon, in de taal van Freud zijn 'onderbewuste'. En dus onderwerpt hij zich geheel aan de eisen van zijn alter ego en zijn 'ideale ik', die hem dwingen ijzeren maskers te dragen om delen van zijn persoonlijkheid achter te verbergen. Zij zijn als de grijze eminenties die de koning aanpraten dat hij op deze manier aan de macht kan blijven. En de koning wil die macht behouden, tot elke prijs.

Dat onderbewuste is echter niet zo gemakkelijk aan banden te leggen. De onthulling dat de ware identiteit van de man achter het masker bekend is, gaat snel rond. Dat onderbewuste kent wel een paar slinkse wegen om zichzelf bekend te maken. Fouten bijvoorbeeld zijn zo'n teken uit het verborgen rijk van het onderbewuste. De freudiaanse verspreking eveneens; het verkeerde, maar eigenlijk zo juiste woord in de mooie volzin, die het 'andere ik', het alter ego, heeft gedicteerd. Per ongeluk een verkeerde handeling, een uitglijer, een onbegrijpelijke misser, het zijn allemaal levenstekens van het onderbewuste, van de gevangen gehouden tweelingbroer. De vrees voor de ontmaskerende fout is de psychodynamische verklaring voor de grote angst die alle perfectionisten hebben voor het toeval. Zij zijn de mensen die veel plannen, organiseren en voorbereiden en niets aan het toeval overlaten. Die alert alle details controleren, die onderzoeken en nóg eens toetsen. Waarom? Om zichzelf te plagen en anderen lastig te vallen? Het lijkt er soms op, maar het gaat om iets heel anders. De bres in de muur, het gat in de verdediging, daar gaat het om. Om de paniek die een verraderlijke en ontmaskerende fout teweeg kan brengen. Om de angst voor het toeval, dat nooit toevallig kan zijn maar altijd ergens het logisch gevolg van is. Het 'foute' woord komt namelijk uit de mond achter het ijzeren masker. De ongewone daad wordt door het alter ego opgelegd, namelijk door de bedreigende tweelingbroer.

Ook een klein foutje in het optreden naar buiten is zo'n teken dat de verdediging in gevaar is. De zo zorgvuldig opgebouwde harmonie in uiterlijk en voorkomen van een schoonheidsmaniak is niets anders dan een poging om een soort harnas te creëren, waarin de ware identiteit van de drager onbekend blijft. Het storende detail, de verkeerde das of de niet juiste schoen, is de kwetsbare plek waar de perfectionist dodelijk getroffen kan worden. Daar wordt het geheim van zijn verborgen identiteit blootgelegd.

> Ik moet ineens weer aan mevrouw Berk denken. Ze is een toonbeeld van consequent doorgevoerde stilering in haar uiterlijk en voorkomen. Ze heeft het haar zwart laten verven en gaat steeds in zwart gekleed. Haar huis is een doordachte compositie van de niet-kleuren zwart en wit, alle grijstinten en een beetje beige; van glas, staal en aluminium; kostbaar, exclusief, indrukwekkend, koud, steriel, doods. Mevrouw Berks afkeer van kleuren komt goed tot uitdrukking in haar woorden 'Jus d'orange moet ik in de koelkast zetten, want dat is mij al veel te veel kleur!'

Kleuren zijn uitingen van de persoonlijkheid. Wie zijn persoonlijkheid niet duidelijk wil tonen bekent letterlijk en figuurlijk geen kleur, óf zo gestileerd en gecomponeerd dat de bedoeling wegvalt achter de gekozen compositie. Daarom probeert de perfectionist het ijzeren masker ook voor zijn leefomgeving te houden. Als hij erin slaagt zichzelf goed te verbergen moet niet zijn leefomgeving verraden wie hij werkelijk is. De controle moet 'perfect' zijn, opdat de man achter het masker niet identificeerbaar is.
De niet perfecte opbouw, de vermenging van stijlen, de opzettelijke en toevallige stijlbreuken zijn voor perfectionisten een teken van smakeloosheid en gebrek aan cultuur. Voor

ieder ander geven zij juist uitdrukking aan een persoonlijke voorkeur en smaak, en zijn daarmee kenmerken van een sterke persoonlijkheid.

Het superego als tiran

We hebben de man met het masker besproken, een voorbeeld van de poging om het zo gevaarlijke alter ego te verdringen. We hebben ook kennisgemaakt met het superego, de bewaker van de verdringing, de hoeder van het geheim, de gevangenbewaarder van de Minotaurus. Het superego in een omhulsel van strenge normen en waarden, levend achter een muur van aanpassen, conventie en onopvallendheid. Het superego regeert, niet als koning maar als hulp en toeverlaat en als gevangenbewaarder. De kracht van het superego komt uit de verdringing, met andere woorden uit de dynamiek van de perfectionistische persoonlijkheid zelf.

Maar tijdens onze zoektocht naar oorzaken en achtergronden van het perfectionisme ontmoeten we nog een ander superego. Een superego dat ons niet van binnen uit maar van buiten af tegemoet treedt. Het heeft z'n eigen kracht, het krijgt z'n energie van buiten. Het is op zoek naar de slaaf met een zwak 'ik' die hij kan onderdrukken, waar hij bezit van kan nemen. Dat is het superego als tiran, als dictator.

In hem zitten de basiskenmerken van het perfectionisme dat door de omgeving wordt bepaald. Door de eisen die het leven stelt, door de verwachtingen van de sociale omgeving, door het eisenpakket dat de relaties opstellen. Hoe sterker en groter die eisen en verwachtingen zijn, des te meer energie bezit het superego om zijn lijfeigene aan banden te leggen, te knevelen.

Als dit superego spreekt horen we niet onze eigen stem en

ook niet die van ons alter ego, maar als het ware de stem van een andere persoon: je moet, je zult, ik eis, ik verwacht, ik verlang. Allemaal woorden die van buiten komen en gedragen fatsoensnormen voorschrijven.

Zoals bij alle echte tirannen en dictators gaat het ook dit superego niet om de vraag hoe die eisen, verwachtingen en verlangens tot stand zijn gekomen. Boeren die lijfeigenen waren werden bij ziekte, misoogst, rampen en overstromingen zelfs nog gedwongen het aan de dictator toekomende deel van de opbrengst af te staan. En dat doet ook de tiran superego. Hij stelt geen belang in de vraag: 'Hoe moet ik dat voor elkaar krijgen?' Voor het superego telt alleen de verplichte bijdrage, de schatplicht. De onbarmhartige gerechtigheid van het superego luidt: 'Iedereen draagt evenveel bij, er wordt niet met twee maten gemeten, dus kunnen er nooit bevoorrechten of benadeelden zijn.' Zo'n uitspraak geldt wel voor de verplichte afdracht, niet voor de situatie van iedere schatplichtige boer afzonderlijk. Zoals elke tiran legt het superego de lat zo hoog mogelijk teneinde de maximale opbrengst te verkrijgen. De perfectionist is niet sterk genoeg om een soort boerenopstand te beginnen. Hij siddert voor de dreigingen van het superego. De folterwerktuigen van de beul brengen hem snel tot bezinning. Minder geliefd zijn, sociale minachting, statusverlies, minder waardering, buitengesloten worden, allemaal gevolgen die angst inboezemen. Hij doet dus wat hem wordt gevraagd, hij blijft opvallend onopvallend en zelfs biedt hij soms de helpende hand, om er maar voor te zorgen dat het geweld zich niet tegen hem keert.

Waarom? Is het werkelijk de absolute macht van de tiran die hem zo klein en nederig doet zijn, of zijn er nog andere oorzaken?

Het superego krijgt z'n eerste persoonskenmerken van de

ouders. Zij voeden het kind op in de normen en regels van het huis, in de oordelen en vooroordelen van het gezin, en in de regels en gewoontes van de cultuur waarin zij leven. Hun ge- en verboden houden de onstuimige, egoïstische en sociaal onaangepaste wensen en eisen van het in de krochten levende onderbewuste in toom. En zo wordt langzaam en heel voorzichtig uit een schepsel vol driften een cultuurwezen, een mens gevormd. Gedurende dat proces ontstaat wel een tegenstander van het ouderlijke superego, namelijk het 'ik' van het kind. Langzamerhand wint dit 'ik' aan krachten en is het uiteindelijk in staat het superego het hoofd te bieden. Op de eis 'je moet' komt nu het antwoord 'ik zal' of ' ik zal niet'. Op de mededeling 'ik verwacht' komt als antwoord 'alleen als ik het er mee eens ben'.

Als het superego, dat zijn regels van buiten krijgt opgelegd, geen eigenstandig 'ik' tegenover zich vindt, ontwikkelt het zich tot een dictator, en dat is ook uitvloeisel van de geestelijke ontwikkeling die de perfectionist doormaakt. Zijn 'ik' was te zwak, het werd te weinig gesteund in het verzet tegen de normen en regels die door het superego werden voorgehouden. In plaats van het ontwikkelen van een eigen kritische waardebepaling, in plaats van na te gaan wat goed en wat verkeerd is in de normen van de ouders en van de cultuur, en te ontdekken wat afgewezen moet of ingepast kan worden in de normen van het superego, heeft dit zwakke 'ik' gecapituleerd. Hij heeft zich zonder verzet teruggetrokken uit het gebied waar nu het superego van de ouders, samen met alle andere superego's uit de omgeving, de dienst uitmaakt. De eisen, verwachtingen en verlangens die er van begin af aan zijn ingepompt hebben nu vrij spel. De perfectionist is aan het superego overgeleverd. Zijn 'ik' wil een enkel keertje, wat laat overigens, nog wel eens een opstand tegen de dictator

123

beramen, in een poging om een echte tegenstander te worden. Dat is een zware opgave, want door de lange onderdrukking is hij nog zwakker geworden, heeft hij zijn strijdwapens niet kunnen verzorgen en zijn verdediging niet op peil kunnen houden. De perfectionist zou eigenlijk wel wat meer onafhankelijk willen zijn, maar is ook zó bang voor de macht van het superego dat hij zonder de hulp van buiten niets meer tot stand kan brengen. Sterker nog: hij is aangewezen op hulp van buiten. Eigenlijk is hij in de strijd tegen dictator superego dus aangewezen op ons aller hulp en bijstand. Alleen op die manier kan hij de oude heerser uiteindelijk verdrijven.

Perfectionisme als overlevingsstrategie

Bij deze strijd, die wij samen met de perfectionist tegen de dictator voeren, vergaat het ons niet beter dan eertijds Heracles in zijn gevecht tegen Hydra. De reusachtige slang Hydra huisde in het moeras van Lerna. Het dier richtte grote verwoestingen aan. Maar het doden ervan was een moeilijke onderneming doordat het negen koppen had en zodra men er een kop van had afgeslagen kwamen er twee andere voor in de plaats. Het lukte Heracles het dier te doden door de wonden dicht te branden als er een kop was afgeslagen.
Ook bij het superego ontstaan weer nieuwe koppen met eenzelfde destructieve kracht. Zo'n nieuwe kop is de steeds sterker wordende druk van de maatschappelijke situatie waaronder veel mensen lijden. Onzekerheid krijgt de overhand, zowel jonge als oude mensen leven in voortdurende angst.
– Is het nog veilig in ons land?
– Kunnen we het milieu nog redden?

- Kan ik m'n ziektekostenverzekering nog wel betalen?
- Hoe houd ik het hoofd boven water als alles nog duurder wordt?
- Kan ik me nog een kind veroorloven?
- Kunnen ze straks mijn AOW nog wel betalen?
- Hoe lang moet ik wachten op thuiszorg?
- Als ik iets mankeer, kan ik dan wel direct geholpen worden?
- Hoe lang moet ik wachten als ik de politie nodig heb?

In plaats van zekerheden blijft voor veel mensen alleen nog de hoop.
- Hopelijk blijf ik gezond!
- Ik hoop dat ik op het werk nog meekan!
- Hopelijk word ik niet wegbezuinigd!
- Ik hoop dat mijn flat niet moet wijken voor luxe woningen!
- Hopelijk blijft de buurtwinkel op de hoek nog even bestaan!
- Hopelijk gaat de volgende reorganisatie aan mijn bureau voorbij!
- Hopelijk is er snel een bed vrij als ik ziek word!
- Hopelijk is de politie in de buurt als ik word lastiggevallen!

Angst en onzekerheid verzwakken de krachten van het 'ik' en maken ons nog vatbaarder voor de verlangens en verwachtingen van anderen. We moeten tenslotte capituleren en er blijft ons dan niet veel meer over dan het voeden van het superego. Zijn eisen zijn:
- Nog meer presteren;
- Nog flexibeler reageren;
- Nog mobieler en makkelijker inzetbaar zijn;

- Een nog toegeeflijker en onmondiger lid worden van een samenleving die naar maximalisering en optimalisering streeft.

Als angst en onzekerheid toenemen

Perfectionisme heeft ook sociologische en maatschappelijk-politieke oorzaken. Steeds meer stuurt het maatschappelijk denken niet alleen de politiek maar ook het denken van de gewone mensen. Het antwoord van de mensen op de heersende maatschappelijke opvattingen en onzekerheden is dan het perfectionisme.

Zo is er het streven naar maximale doelstellingen. Dat geldt voor bedrijven, fabrieken, winkels, maatschappen, firma's, maar ook voor de werknemers. Ook van ons wordt een maximale bijdrage verlangd, en onder druk maken we die van buiten opgelegde doelstelling tot de onze. En we putten onze mentale en lichamelijke mogelijkheden uit, gaan tot aan onze grens, zien topprestaties niet meer als uitzonderlijk maar als gangbare norm. We laten ons uitpersen, tot we geheel verschrompeld op de grote afvalberg van deze prestatiemaatschappij terechtkomen.

Je kunt dat ook de utopie van de onbegrensde economische groei noemen. Bedrijven moeten groeien opdat ze vervolgens anderen kunnen opslokken, overnemen, opkopen of ermee kunnen fuseren. En wij? Mensen groeien als ze wat kunnen leren, nieuwe ontwikkelingen kunnen opdoen, nieuwe mogelijkheden kunnen vinden, als ze blijven studeren en zich blijven vormen. Dat houdt hen wakker, vraagt andere energie en behoedt voor achterstand. Ook daar word je moe van, maar anders moe.

De mogelijkheid om je te ontwikkelen en bij te blijven is

inmiddels tot verplichting, tot dwang geworden. Pauzeren is niet toegestaan. Direct na aankomst moet je al weer verder op weg. Niet blijven stilstaan, nóg een certificaat, nóg een cursus, nóg een seminar. Niet in het oude blijven hangen, steeds vol energie op weg naar weer iets nieuws! De drijvers lopen achter ons, trappen ons voortdurend op de hielen en dwingen ons zo hard te lopen dat we in ons produceren gaan lijken op de dieren in de legbatterijen. Elke minuut een ei, luidt de opdracht! Brengt de economische groei ook werkelijk de beloofde kwaliteitsverbetering, of produceren we bij gebrek aan voedingswaarde en energie misschien zelfs niet eens meer de zo bekritiseerde bio-eieren, maar alleen nog gebakken lucht?

En dan is er de fraaie visie op samenwerking wereldwijd, die veel voordeel kan opleveren. Maar tot nu toe lijkt het erop dat steeds meer werknemers worden uitgebuit. Er is op veel plaatsen meer sociale verkilling en minder relatievorming ontstaan.

Dat alles zorgt voor grote onzekerheid en angst. Perfectionisme lijkt dat een halt toe te kunnen roepen en wel die – schijnbare – zekerheid te kunnen bieden.

Als alles in beweging is, als de wereld – zowel de grote wereld als het kleine privé-domein – van uiterlijk verandert, dan blijft nog het systeem van regels, het schema van de routine en de vaste gewoonte, dat vaste grond onder de voeten geeft en het gevoel geeft thuis te zijn. Als elk kostuum vol vlekken zit, als elke hand vuil is, als beloften leugens blijken te zijn en verdragen slechts schijnafspraken bevatten, dan kan alleen nog de zuivere, reine, geordende en op vaste uitgangspunten gebaseerde kleine wereld geloofwaardig blijven. Nu alles sowieso anders verloopt dan men gedacht had, en ook nog eens tweemaal zo snel, moet men juist proberen goed toegerust en bewapend te zijn, door nog grotere voorzichtigheid, meer maatregelen en betere planning. Wie het gevoel heeft machteloos uitgeleverd te worden en speelbal van een almachtig systeem te zijn, die zal proberen overzicht en controle te houden over alles wat binnen zijn bereik ligt. Wie tot koopwaar wordt gedegradeerd, handelt naar de regels van het productiesysteem. Wat ook de inhoud mag zijn, de verpakking klopt. Wie van hogerhand alleen eisen, doelstellingen en verlangens gedicteerd krijgt, die past dezelfde handelwijze toe naar onder: hij eist, bekritiseert en is niet tevreden te stellen.

Angst en onzekerheid, de pijlers van het perfectionisme, ontstaan dus niet alleen individueel, zijn niet alleen een zwakte van het 'ik' tegenover zelfbeeld en verwachtingspatroon, of niet alleen een discrepantie tussen eigen waarneming, eigen waardebepaling en eigen prestatieniveau. Ze geven ook uitdrukking aan de overvraging, door een systeem dat een perfectionistisch en daardoor onmenselijk mensbeeld voorstaat.

Zijn wij een volk van perfectionisten?

Is perfectionisme een verschijnsel bij sommige mensen die niet sterk genoeg zijn om de wedloop naar de hoogste economische groei vol te houden, of hebben we er allemaal mee te maken? In hoeverre worden we allemaal gevormd door perfectionistische basisprincipes, die we overigens niet als zodanig ervaren?

Om een antwoord te krijgen beginnen we bij de belangrijkste symptomen en stellen onszelf de vraag: hoe zit het met onze angst?

Een grote behoefte aan zekerheid, het voortdurend nemen van maatregelen die zekerheid moeten verschaffen, zijn symp-

128

tomen van angstgevoelens. Hoe zit dat bij ons? We vormen een volk van verzekeraars en dat spreekt al voor zich. Je kunt je overal tegen verzekeren. Maar daarmee ben je er niet. Want ook andere vormen van zekerheidsstelling zijn nodig. En gebeurt er dan nog iets wat niet voorzien was, dan moet je in ieder geval een schuldige kunnen vinden die betaalt. Want de perfectionist doet altijd een beroep op de gerechtigheid, ook in dit soort principes.

Hamsteren is een vorm van zekerheidsstelling, net als volle planken, dikke catalogi van verzendhuizen en gouden creditkaarten. We kunnen krijgen wat we zouden willen hebben, dat geeft zekerheid.

Nog een gewetensvraag: hoe staat het met ons prestatieniveau? Is presteren niet een vorm van zelfbevestiging? Is presteren in wezen niets anders dan een heel belangrijk element van onze identiteit? Wat zouden we in onze ogen, en in de ogen van anderen, zijn zonder onze lijst vol prestaties en resultaten? Vervangt die niet langzamerhand ons paspoort? We maken allemaal deel uit van een samenleving waarin mensen steeds minder mens en steeds meer handelswaar worden. Dat voor ons zelfbeeld het onderdeel 'mens zijn' ook steeds meer wordt vervangen door nieuwe criteria ligt dan voor de hand.

Perfectionisten hebben, dat bespraken we al, moeite met de praktijk van alle dag, van de werkelijkheid. Zij geven de voorkeur aan de theorie van het systeem met regels, want daar komen geen uitzonderingen in voor. Ze raken dan steeds verder weg van de werkelijkheid en komen in niet bestaande werelden terecht. Perfectionisten zijn immers altijd ook utopisten.

Zijn wij aanhangers van irreële droomwerelden? Wat is de maakbaarheidswaan anders dan een technologisch droombeeld? Wie wil, die kan. Wie mee kan zal uiteindelijk slagen. Wat vandaag nog niet is opgelost zal binnenkort wel haalbaar zijn. Het is allemaal een kwestie van tijd. We zijn op de goede weg.

Geen vergissen mogelijk, twijfel is verboden, blik op het einddoel gericht. Niets fout laten lopen. Horen we daar de rechtlijnige perfectionist? Hij staat, en wij met hem, op een boomstam die boven een afgrond hangt. Naar beneden kijken of je omdraaien veroorzaakt duizeligheid en dat leidt weer tot een dodelijke afloop. Dus: recht vooruit, in het vaste geloof in het einddoel.

Controle is een volgend trefwoord. Woorden die daar haaks op staan zijn tolerantie, verdraagzaamheid. Een perfectionist is maar zelden verdraagzaam. Met name de mopperaars en criticasters, de controleurs, de bemoeiallen, maar ook de erkende fatsoensrakkers hebben moeite met levensopvattingen die niet de hunne zijn. De perfectionist is schoolmeester en opvoeder uit hartstocht, dat ervaar ik als ik belerend wordt toegesproken, als een kind dat op de stoep fietst wordt gecorrigeerd, als een 'foute' poster wordt verwijderd en als een goed verdienende voetballer tot profiteur wordt bestempeld.

Vóór het perfectionisme zo'n negatieve kant op ging door alleen nog het maximum en optimum te tellen, was het streven naar verbetering de drijvende kracht voor verandering en vernieuwing. We hebben ruimschoots van die drijvende kracht geprofiteerd: materiële rijkdom, bestaanszekerheid, onderwijs en opvoeding, gezondheid, cultuur, het zijn allemaal uitingen van deze wens tot verbetering. Maar nu is dat verworden tot de megalomane wens naar het ultieme. De verderfelijke geest heeft ons ingepalmd en zich meester van ons gemaakt. Van drijver zijn we voortgejaagde geworden,

van een bevoordeelde een lijder. Maar: als we het perfectionisme willen bestrijden met perfectionistische middelen en
methoden, dan drijven we de duivel uit met Beëlzebub.

De perfectionist helpen bij het omgaan met dit fenomeen
(zoals in het volgende hoofdstuk wordt behandeld) is niet
alleen gericht op het individu en zijn omgeving, maar moet
ook gelden voor de hele maatschappij. Alleen een menselijker
samenleving kan de perfectionist helpen zijn menselijke
normen en waarden te hervinden.

5. Hulp voor betrokkenen en hun omgeving

De perfectionist maakt het zijn omgeving niet gemakkelijk, dat hebben we inmiddels wel ervaren. Daarom de confronterende vraag: waarom nog langer een perfectionist aardig vinden, met hem willen omgaan, met hem willen samenleven? Waarom moeite doen hem te helpen en te steunen?

We hebben ook besproken dat perfectionisme meer met angst en onzekerheid heeft te maken dan met karakterfouten. En dat moet ons leiden bij het ondersteunen en helpen. Want we moeten niet vergeten dat we met op zich waardevolle mensen van doen hebben, die veel positieve eigenschappen bezitten: ze zijn trouw en betrouwbaar, hebben een groot verantwoordelijkheidsgevoel en zijn volhardend in hun werk. Ze zijn kwalitatief sterk ontwikkeld, niet oppervlakkig, betrouwbaar in relaties. En ook hun arbeidsvreugde en inzet moeten worden geprezen.

Voor de omgeving, voor de partner, voor de vriendenkring en andere bekenden loont het de moeite om te helpen bij het voorkomen dat deugden tot ondeugden worden. De relatie kan er bij winnen, kan er aantrekkelijker door worden. De relatie met iemand die, behalve uit angst geboren controlegedrag en bemoeizucht, ook spontane en emotionele karaktertrekken tot ontwikkeling kan brengen.

Het is ook voor de perfectionist lonend aan zichzelf te werken, zijn ondeugden te beheersen en zijn deugden te ontwikkelen. Op die manier kan hij tot de geliefde persoon worden die hij zo graag wil, maar nog niet kan zijn. Methoden om te helpen reiken we graag aan.

Hoe kunnen perfectionisten zichzelf helpen?

De nu volgende raadgevingen en aanwijzingen zijn vooral gericht op de direct betrokkenen. Vaak is het uw probleem, dat u geen problemen bij uzelf zoekt, maar wel problemen bij anderen meent te ontdekken. Sta daarom open voor aanwijzingen uit uw omgeving, als u om hulp vraagt bij het oplossen van uw problematiek, opdat u op harmonische wijze met elkaar kunt omgaan.. Probeer zelf uw gedrag te veranderen. Als dat met hulp van uw omgeving gebeurt dan zult u op den duur tot de ontdekking komen dat uw leven zich duidelijk positief ontwikkeld heeft. Daartoe moet u wel eerst de volgende basisregels ter harte nemen.

Wat moet ik erkennen?

Ik ben een perfectionist!
Houd daaraan vast en vergoelijk niets. Begin ook niet met anderen te discussiëren over de vraag of u gelijk hebt. Probeer niet uzelf eruit te praten, uzelf te rechtvaardigen. Halfslachtige erkenning leidt tot niets.

Mijn houding en gedrag zijn kenmerkend
Net zo open als u met de eerste uitspraak over uw persoonlijkheid bent, moet u dat ook zijn over de herkenbare uitingen van uw perfectionisme. Zet eens op een rijtje waar uw perfectionistische kenmerken uit bestaan. Schrijf eens op waar uw problemen liggen. U kunt daarvoor de vragenlijst

uit dit boek, of de beschrijvingen van de types en de basiskenmerken gebruiken.

Perfectionisme en levensvreugde zijn onvergelijkbare zaken

Als u in uw zelfkennis al ver gevorderd bent maakt u zichzelf
ook op dit punt niets meer wijs. U bent niet echt tevreden of
gelukkig. U merkt dat u uw krachten verspilt aan zaken die
u niets opleveren. U zou eigenlijk anders willen leven, maar
dat lukt u niet. En daarom moet u ook instemmen met de
volgende uitspraak:

Ik leef maar met een deel van mezelf

U hebt een zelfbeeld ontwikkeld, u hebt voor uzelf regels en
grenzen opgesteld, waarmee u geen recht doet aan uw gehele
persoonlijkheid. U probeert u nóg beter te voelen door nog
stringenter aan die zelfgekozen richtlijnen te voldoen. Misschien behoort u wel tot de perfectionisten die hun dilemma's
nog niet echt ervaren. Let daarom eens goed op de opmerkingen uit uw omgeving. Probeer aan de hand daarvan eens te
ontdekken welke kanten u nog meer hebt in uw persoonlijkheid.

Mijn omgeving heeft het met mij niet makkelijk

Als u een perfectionist bent dan heeft uw omgeving al
duidelijke signalen afgegeven. En ongetwijfeld hebt u die
weggewoven, ontkend of bediscussieerd. Neem die signalen
van nu af serieus.

Ook ik lijd, maar heb daar (vaak) geen erg in

Deze uitspraak vraagt om moed. Want daarmee betreedt u
het gebied van uw angsten. U kunt deze uitspraak alleen

doen als u echt hebt toegegeven perfectionist te zijn. Ga voor uw gevoelens niet op zoek naar uitvluchten, beredeneer ze niet, hoewel dat nou juist iets is wat u goed kunt.

Ik ben niet onfeilbaar. Er bestaat geen volmaakte zekerheid
Bij deze twee uitspraken moet u erkennen dat het rationele en het emotionele twee verschillende werelden zijn. En in uw geval ook twee gescheiden delen van uw persoonlijkheid. U weet dat eigenlijk al wel, maar uw gedrag laat iets anders zien. Als u deze uitspraken gevoelsmatig zou kunnen accepteren dan hoeft u niet meer zo veel zekerheden of mechanismen in te bouwen om fouten te voorkomen. Begin met die zekerheden, maak het vangnet wat kleiner van omvang en u bent op de goede weg om aan die twee uitspraken ook gevoelsmatig te kunnen voldoen.

(Bijna) elke beslissing is terug te draaien
Hier zult u vast en zeker op forse toon tegenwerpen: 'Als dat zo was dan zou ik niet zulke problemen hebben met het nemen van beslissingen. Het is niet zo! Een besluit ligt vast en is een eindstation.'
U hebt gelijk voor zover u een beslissing nog steeds als een belangrijke afsluiting van een proces ziet. Maar een beslissing geeft altijd weer zicht op volgende, nieuwe processen met nieuwe besluiten. Neem dus afstand van de vooronderstelling dat besluiten altijd nauwkeurig grenzen bepalen. Houd voor ogen dat een besluit nemen onderdeel is van een proces van vele stappen, zowel vooruit als achteruit. Uw probleem is dat u liever niet voortdurend op weg bent, maar liefst zo snel mogelijk het gewenste eindpunt wilt bereiken. Kijk niet zo ver vooruit en probeer het besluitvormingsproces op te delen in kleinere fasen, die steeds weer een kleine

beslissing vragen. Die zijn makkelijker te overzien en dus makkelijker te nemen.

Als ik alleen maar het perfecte, het volmaakte wil, dan bereik ik helemaal niets.
Wees maar duidelijk: uw resultaten wegen niet op tegen de moeite en inspanning die ze vragen. Misschien wegen ze ook niet op tegen de prestaties van anderen, die er minder voor hoeven te doen. Sluit niet langer de ogen voor de werkelijkheid dat uw geforceerde inspanningen en uw overtrokken eisen wellicht een blokkade voor u zelf vormen.
Ook prestaties leveren is een proces van kleine stappen. Kijk ook hier niet als gehypnotiseerd naar het einddoel, maar zet stap voor stap. Wie weet komt u met die kleine stappen wel op een onvermoed traject naar een heel ander einddoel. Misschien komt u wel uit op een onverwacht resultaat, dat het beoogde resultaat in de schaduw stelt. Zeker is dat u dan niet alleen gemakkelijker werkt, maar ook de heel eigen dynamiek van het prestatieproces beter kunt beheersen.

Ik word bewonderd en benijd, men heeft meelij met mij of lacht me uit, maar ik ben niet geliefd
Zo zit dat. U maakt het anderen ook niet makkelijk. Men houdt van mensen, niet van robots, niet van etalagepoppen, niet van betweters, van waanwijzen of mensen met grillige invallen. Evenmin van twijfelaars, aarzelaars en dralers. Men houdt van mensen die ook om hun eigen fouten kunnen lachen, die het soms wat minder nauw nemen, die hun angsten niet hoeven te verbergen of verdoezelen, die wel eens de plank misslaan en zichzelf niet altijd zo vreselijk serieus nemen. Want:

Anderen nemen mij minder serieus dan ik mijzelf
In het begin zal deze uitspraak u nog wel pijn doen, maar langzamerhand wordt hij makkelijker te hanteren. Het voelt goed om minder druk te ervaren, u minder bekeken en beoordeeld te weten, om met kritiek, waardering maar ook afkeuring te kunnen omgaan. Het gemak waarmee anderen met u omgaan leidt tot iets wat u eigenlijk steeds al als wens had, namelijk u onbezwaard, onbevangen, minder onder druk te kunnen bewegen.

Problematisch zijn niet de zaken zelf, maar mijn inschatting ervan, en: niet de anderen maar ik veroorzaak het probleem
Als perfectionist hebt u de neiging om te projecteren. Daardoor behoedt u uzelf voor pijnlijke bekentenissen. Daarom is ook de eerste regel uit dit hoofdstuk zo belangrijk voor u: wat ik moet erkennen. Maar nu de volgende stap: deze uitspraak ook van toepassing verklaren op zakelijke en relationele aangelegenheden. Geef maar toe dat die neiging tot projecteren uw eigen probleem is. Niet een luie, gemakzuchtige omgeving dwingt u tot perfectionisme, maar alleen uw eigen persoonlijkheidsstructuur. U bent degene die niet anders kan, omdat u nu eenmaal zo in elkaar zit, of omdat u zich nu eenmaal door dat gedrag laat leiden. Uw projecties voortdurend opnieuw voeden helpt niet. U moet bij uzelf beginnen, uzelf opvoeden en veranderen, niet de anderen.
Al deze uitspraken zullen u moeiteloos over de lippen komen. Intellectueel staat u er volkomen achter. Dat betekent echter niet dat u ze ook ter harte neemt. Maar daar gaat het nou juist om! Het gaat erom de onzekerheid, de angst en het verdriet te ervaren die bijvoorbeeld de uitspraak 'Ik leef maar met een deel van mezelf' teweeg brengt.

Het zijn nou juist deze gevoelens die u helpen om de volgende raadgevingen in daden om te zetten.

Hoe kan ik mezelf veranderen?

Om geliefd te zijn moet ik menselijker worden:
Dat betekent concreet:
– een gemaakte fout openlijk toegeven;
– ongelijk bekennen;
– vergissingen niet wegmoffelen;
– toegeven dat u ook niet alles weet;
– onzekerheden niet verdoezelen;
– angsten niet verloochenen;

Uw grootste kracht is dat u door argumenteren, beredeneren, rationaliseren toch nog een nieuwe wending aan een discussie kunt geven die u maakt tot wat u wilt zijn: tot slachtoffer, onschuldige verdachte of miskende winnaar. Probeer de volgende korte zinnetjes te zeggen en verder niets.
– Nou heb ik me toch vergist!
– Dat weet ik niet!
– Nou deed ik het verkeerd!
– Daar ben ik niet zeker van, of: Dat maakte me onzeker!
– Dat kost me moeite!
– Daar ben ik bang voor!
En wacht dan maar eens de reactie van uw medemensen af. U zult ervaren dat ze met begrip en hulpvaardigheid reageren, in plaats van met distantie en afwijzing.

Andere mensen leggen andere maatstaven aan
Natuurlijk doen ze dat, zult u toegeven. Maar gedragen ze zich daar ook naar? Als het u werkelijk ernst is dan moet u

deze maatstaven zonder mitsen en maren accepteren, respecteren en op waarde schatten. Probeer niet voortdurend, openlijk of stiekem, de normen van anderen ter discussie te stellen, hun bedoelingen te bediscussiëren, aan het nut ervan te twijfelen en ze te bagatelliseren. Ook als u uw eigen principes en uitgangspunten opsomt, is dat impliciet een afwijzing van andermans normen en maatstaven. Ook als u niet van die uitgangspunten, normen en maatstaven gediend bent, houdt u toch uw mond als het u niet direct raakt of uzelf betreft. Hoe zet u dit voornemen in daden om? Als u erin slaagt het niet te hebben over:

– de werkwijze van anderen;
– uw uitgangspunten voor orde en regelmaat;
– uw normen voor zuiverheid en reinheid;
– uw opvattingen over stiptheid;
– uw beslissingen en voorkeuren;

Praat alleen mee als naar uw mening wordt gevraagd. En geef die dan duidelijk , zonder verraderlijke toevoegingen als 'In jouw plaats zou ik...', want:
U bent eerder partner, vriend, collega etcetera dan bovenmeester of opvoeder
Niemand heeft u opdracht gegeven hem op te voeden of te onderwijzen. Anderen zijn ook volwassen. Als u ze steeds als kinderen behandelt worden ze rebels en onhandelbaar. Probeer uw opvoedkundige neigingen te beperken. Het is niet goed om in een gelijke of gelijkwaardige relatie uzelf beter voor te doen dan uw partner. Geef maar toe dat het u vaak om de machtspositie gaat. U hebt de neiging te laten merken dat u het beter weet, om u zo boven anderen te verheffen. Doe dat niet. Zorg voor die basis van gelijkwaardigheid. Op die manier geeft u aan respect en eerbied voor anderen te

hebben én voor hun opvattingen. Bedenk vooraf welke plaats u inneemt in de relatie, welke rol u speelt. En vóór u iets zegt moet u nagaan in welke van die rollen u dat zegt. Formuleer uw bijdrage dan in overeenstemming met de rol die u heeft uitgekozen.

Let op uw taalgebruik
Schrap alle woorden uit het totalitaire alles-of-nietsdenken als: 'nooit', 'altijd', 'elke', 'allemaal', 'geen enkele'. Het zijn allemaal eendimensionale recht-voor-zijn-raapwoorden die een dialoog bij voorbaat uitsluiten. Want wat kan de ander na zulk woordgebruik anders zeggen dan 'ja' en 'nee'? Formuleer zinnen met woorden als 'een paar', 'enkelen', 'speciaal', 'onder deze voorwaarden', 'onder de gegeven omstandigheden' etcetera. Dat zijn zinswendingen die de gesprekspartner de mogelijkheid bieden om een constructief en volwaardig aandeel in het gesprek te hebben.

Zet een punt
Perfectionisten kunnen vaak niet tot een eind komen. Dus ook niet in een gesprek of een discussie. Ze willen verklaren en toelichten en weer verklaren en nemen de al bekende argumenten nog eens goed door. Ze praten lang door over zaken die hun gesprekspartners al lang hebben begrepen, ja, zelfs al afgehandeld en terzijde gelegd hebben. Zoals hun gedachten voortdurend rondjes draaien (vooral bij de piekeraars) zo draaien ook hun woorden steeds om een zelfde vast punt. Dat kan hinderlijk en vermoeiend zijn en roept bij de ander weerstand op.
Geef alstublieft uw informatie, wensen, suggesties, stellingnamen etcetera kort en krachtig weer. Men kent ze immers al en men weet waar het over gaat. Doe afstand van het per-

140

fectionistische recht om alles tot in het kleinste detail te beredeneren en te verklaren. Als het nodig is zal men u er wel om vragen. Hoe vaker u met hetzelfde aankomt des te minder is men geneigd naar u te luisteren.

Luister serieus naar de mening van uw gesprekspartner
Perfectionisten zijn onzeker en zoeken overal de bevestiging dat ze op de goede koers liggen. Dus letten ze in de regel vaker op uitspraken die ze aantrekkelijk vinden, die hen goed van pas komen. Probeer zo open en eerlijk mogelijk te luisteren naar wat anderen zeggen, de boodschap niet al bij voorbaat van filters te voorzien, en kritische onderdelen niet snel opzij te leggen. Als u uw gesprekspartners echt als volwassen mensen beschouwt geef ze dan de gelegenheid hun mening te zeggen, omdat die het waard is gehoord te worden.
U hebt inmiddels toegegeven dat u als perfectionist moeite hebt met het bepalen van maat en grenzen. Daarom doet u er goed aan correcties van buiten toe te laten. Uw omgeving let wel op of u grenzen overschrijdt. Luister naar die signalen en probeer uw houding te veranderen.
Laat ook uw wantrouwen varen. Men is er niet altijd op uit om u in de maling te nemen, u teleur te stellen, u voor te liegen of te bedriegen. Er zijn genoeg mensen die het beste met u voor hebben. Waarom zouden dat niet toevallig uw gesprekspartners zijn? Probeer het maar eens uit!

Vooruit kijken, niet terug
Dat gaat vooral op bij de problemen rond beslissingen. Neem een besluit, blijf daarbij en kijk hoe het verder loopt. Onderdruk de gedachte 'Had ik niet liever toch...' Dat brengt u geen stap verder, kost u energie en belemmert u in het uit-

voeren van dat besluit. Maak u geen illusies: mopperen over een besluit helpt u niet op de weg naar een volgend beslismoment. Heel nuttig is de ervaring dat 'ik wel kan leven met dit besluit'. En die ervaring krijgt u alleen maar als u vooruit blijft kijken.

Neen zeggen helpt
U mág niet alleen u zelf opvoeden, u móét u zelf opvoeden! Ban alle irreële zorg- en angstscenario's uit. Spreek een overduidelijk en niet mis te verstaan 'nee' uit zodra weer de bekende gedachtemolen in uw hoofd gaat draaien. Richt u consequent op de eerstvolgende concrete opdracht. Als de gedachtekronkels 's nachts in bed opkomen, sta dan op, neem een nog niet afgemaakt werkje ter hand of pak een spannend boek. Opkomende zorg beantwoordt u met de uitspraak: 'Daar houd ik me pas mee bezig als het werkelijk nodig is!'

Maak een scheiding tussen werk en vrije tijd
Hoort u tot de categorie perfectionisten die nooit echt vrij zijn? Dan krijgt u ongetwijfeld in uw vrije tijd schuldgevoelens, denkt u alleen maar aan het werk en beïnvloedt u zelfs uw ontspanning negatief, door te blijven denken aan wat er nog gedaan moet worden en wat nog is blijven liggen. Daardoor kunt u ook niet echt uitrusten en nieuwe krachten opdoen. Het chronische tekort aan ontspanning zal in toenemende mate uw prestatievermogen negatief beïnvloeden.
U moet werk en vrije tijd bewust en strikt scheiden. Deel elke dag opnieuw een paar momenten van pauze in, en bedenk vooraf hoe u zich in die pauzes kunt ontspannen. Verdrijf de opkomende bezorgdheid dat er nog werk is blijven liggen met de uitspraak: 'Nee, ik ben nu vrij!' En concentreer u op de gedachte hoe prettig het is om eens even niets

te doen, of u op een andere manier te kunnen ontspannen. En u zult merken dat u beter uitgerust bent en dus daarna meer kunt presteren.

Trek duidelijke grenzen
U bent een perfectionist en dat leidt er toe dat u in uw gedragingen graag overdrijft. Dat levert meestal het tegendeel op van het beoogde effect. U weet dat u meer dan anderen behoefte hebt aan grenzen. Vooral in het arbeidsproces is het bepalen van die grenzen moeilijk en daarom kunt u het beste een limiet stellen voor u begint: tot daar en niet verder. U stelt zo'n limiet het gemakkelijkst als u een tijd noemt waarop u klaar moet zijn, of de tijd bepaalt die het werk maximaal mag duren. Van veel werkzaamheden weten we uit ervaring hoeveel tijd ze kosten. U zult steeds op het uiterste, het maximale gericht zijn, of zelfs over die grens willen. En daarom gelden voor u de volgende adviezen:
– Bepaal de grens in tijd of inhoud duidelijk binnen het mogelijke maximum.
– Stop direct als u die grens bereikt hebt, zonder na te denken over het resultaat.

Omgaan met fouten en kritiek
Als perfectionist bent u gevoelig voor fouten. En u merkt fouten sneller op dan anderen. Wat die eigenschap voor het intermenselijk verkeer betekent is u genoegzaam bekend. Daarom deze adviezen:
– Ga voor elke fout die u bij uzelf, bij een werkstuk of bij andere mensen ontdekt, op zoek naar een positieve tegenhanger. En praat liever nooit over een fout zonder ook over de positieve aspecten te spreken.

Dat gaat ook op voor het omgaan met kritiek:
- Als u in de toekomst ergens kritiek op hebt, doe dat dan uitsluitend in samenhang met aandacht voor iets positiefs, iets wat lof verdient.

Misschien lukt het u op den duur zelfs alleen nog maar lovende woorden tegen uzelf en anderen te spreken.

Herzie uw leefsituatie eens

Een van uw problemen is dat u graag overdrijft. Dat strekt zich over meerdere terreinen van uw leven uit. Zo neigt u er toe uw verantwoordelijkheidsgebied sterk uit te breiden. U voelt zich niet alleen verantwoordelijk voor uw eigen werk, maar ook voor al het werk in uw omgeving. Dat is een vorm van overdrijving. Dat betekent te veel hooi op uw vork nemen. Verklein uw verantwoordelijkheidsgebied, opdat er niet voortdurend te veel energie van u gevraagd wordt. U doet uw omgeving geen plezier door steeds zaken van hen over te nemen, hun verantwoordelijkheid steeds kleiner te maken en hen daardoor misschien wel met een schuldgevoel op te zadelen. Delegeren is geen vorm van capituleren, betekent niet een nederlaag lijden. U zult zich prettiger en opgeruimder voelen als u zaken kunt overdragen, bijvoorbeeld:
- de taken van anderen;
- een verzameling overbodige en ongebruikte voorwerpen;
- de restvoorraden uit voorbije levensfasen.

Daardoor kunt u vrijer en minder bezwaard leven. Dat lukt niet met al die rommel om u heen waar u geen afscheid van kunt nemen. U hebt al die dingen toch niet werkelijk meer nodig, u klemt er zich alleen maar aan vast.

Meer levensvreugde vinden

U bent graag bereid uzelf als perfectionist te zien. Dat levert soms wat onzekerheid op over wat perfectionisme nou precies voor u betekent. Daarom de volgende aanwijzing. Ga elke dag eens na waarin uw perfectionisme u minder levensvreugde heeft opgeleverd. U kunt zich het volgende afvragen:

- Wat zou u vandaag graag gedaan hebben?
- Waarom hebt u dat niet gedaan?
- In hoeverre spelen uw perfectionistische gedragingen en opvattingen daarin een rol?

Dagelijks even stilstaan bij die vragen kan helpen inzien waar het perfectionisme direct van invloed is op uw persoonlijke leefsituatie. U kunt pas beginnen met veranderen als u dat goed weet. Als u ervaart wanneer en waardoor u beperkingen ondervindt, wanneer u minder tevreden bent of waaraan u een minder prettig gevoel overhoudt.

Uw eigen ik leren kennen

De vraag naar uw levensvreugde is temeer belangrijk, omdat u uw eigen 'ik' niet zo goed kent. U bent tot nu toe steeds uitgegaan van uw ideale zelfbeeld. Of u bent bij dat onderzoek naar uw levensvreugde steeds door uw superego op het verkeerde been gezet. Daarom valt het u ook zwaar alleen maar u zelf te zijn. Uw 'ik' is nog een onontgonnen terrein, waar tot nu toe alleen het superego woonde.

Er zijn twee hulpmiddelen om daar veranderingen in aan te brengen:

- Gebruik waar mogelijk alleen het woord 'ik' in stellingen, meningen of oordelen. U kunt u beter niet verstoppen achter onpersoonlijke formuleringen als 'men' of 'het is gebruik', want dat komt uit het taalgebruik van het superego. U zult dan ervaren dat iemand die op die manier persoonlijke oordelen uitspreekt wel degelijk goed moet weten wie hij zelf is en waar hij voor staat.

– Leef in het heden. Het is plezieriger niet alleen maar naar de toekomst te kijken, maar naar het heden. Stel voor uzelf eens vast wat u vandaag doet, wat u vandaag ondervindt en hoe u vandaag leeft. En probeer te genieten van de plezierige gevoelens die dit zelfonderzoek opwekt. Denk aan het einddoel: uw echte 'ik' ontdekken, want die is geliefder en menselijker dan het ideale zelfbeeld, dat een spook blijkt te zijn.

Aanwijzingen voor de omgeving

Omgaan met een perfectionist levert het grote gevaar op van geestelijk letsel. U kunt zich in die relatie alleen en in de steek gelaten voelen, achtergesteld en gekleineerd. Daarom moet u vóór alles leren om, vooral gevoelsmatig, afstand te houden. Maar u moet dan wel voorkomen dat u uw positieve gevoelens voor zulke mensen op een laag pitje zet, als een vorm van zelfverdediging. De volgende overwegingen kunnen daarbij helpen.

Waar u rekening mee moet houden

De basis van het perfectionisme ligt in de angst en de onzekerheid, niet in verkeerde karaktertrekken
Zie de perfectionist allereerst als een persoon die verkeerde methoden toepast om bepaalde gevoelens te beheersen en in de hand te houden. Het gaat dan om gevoelens die we alle-

146

maal wel kennen: angsten en onzekerheden. Hij lijdt daar echter meer onder dan wij en hij weet niet de juiste manier om daar mee om te gaan. Als u dat weet en daar steeds bij stilstaat, dan moet het voor u mogelijk zijn de nare en hinderlijke perfectionistische gedragingen wat te relativeren. Overigens zonder ze te bagatelliseren of te pardonneren.

Het perfectionisme van de partner heeft niets met mij te maken
Omdat de perfectionist zijn problemen rond angsten, wensen, gevoelens of gedachten graag op anderen projecteert, ze aan anderen toeschrijft, heeft hij als opdracht om zichzelf als het probleem te zien, en in te zien dat niet de ander het probleem is. U kunt hem daarin steunen en het uzelf makkelijker maken door te weigeren als voorwerp van zijn projectie te fungeren. Als u bijvoorbeeld schuldgevoelens krijgt en uzelf de mindere acht, dan ondersteunt u het perfectionisme van de betrokkene alleen nog maar. Hij of zij zal zich dan groot en superieur voelen, waardoor zijn pretenties alleen maar toenemen.
Herhaal de hierboven neergeschreven aanwijzing in ieder geval zachtjes voor uzelf op het moment dat u door uw partner geïrriteerd raakt, onaangenaam verrast of zelfs gekwetst wordt. Op dat moment realiseert u zich dan weer dat het niet echt op u persoonlijk gericht is en dat u zich er dus ook weinig van moet aantrekken.

Uiterlijke zelfbeheersing, afstandelijkheid en zelfcontrole zeggen niets over de innerlijke gevoelens van de partner
Onthoudt u alstublieft steeds dat uw partner niet alleen bang is voor de angst, maar ook voor alle andere gevoelens. Perfectionisten zijn bang om zich als het ware uit te leveren

en daarom gedragen ze zich graag alsof ze onkwetsbaar zijn. Geen of weinig gevoelens tonen betekent niet dat ze geen gevoelens hebben. De gevoelens van uw partner moeten niet uitsluitend worden afgemeten aan zijn verbale uitingen, want die zijn vaak kort en ingehouden. En ook niet aan zijn gebaren, want die zijn evenmin uitbundig. Een perfectionistische partner zal het meeste voor u voelen als u zich kunt inleven in zijn gedragingen en de achtergronden ervan.

Aan de kritiek kan ik niet ontsnappen
Hebt u vooral met een mopperaar, criticaster of een opgeblazen betweter te doen? Dan is het gevaar groot dat u in zijn foefjes trapt. U doet dan misschien verwoede pogingen om te voorkomen dat hij kritiek kan uiten, u probeert hem misschien de wind uit de zeilen te nemen. Daarmee benadeelt u zichzelf zonder dat u er iets mee opschiet. Wie kritiek wil spuien zal immers altijd wel een onderwerp vinden! Het gaat zelden direct om de zaak zelf, meer om de macht en de zeggenschap. Speel dat spel niet mee. Doe alles wat u te doen hebt op de manier die u het beste lijkt en denk niet aan mogelijke kritiek van uw partner. Door deze houding dwingt u uw partner als het ware te erkennen dat het in wezen om uw onderlinge relatie gaat, en niet om de zaken zelf.

Argumenteren is zinloos
Deze constatering volgt direct op de vorige. Als u op argumenten ingaat legt u altijd het loodje, trekt u altijd aan het kortste eind. Waarom? U bediscussieert dan de kwestie, uw partner zal de indruk wekken hetzelfde te doen, maar eigenlijk is hij niet met zakelijke maar met gevoelsargumenten bezig. Het probleem oplossen, het conflict beëindigen, de confrontatie aangaan, het is steeds opnieuw dekmantel voor een

discussie waarin de macht wordt bepaald. Doel is alleen maar uw bekentenis dat u er naast zit, dat uw partner gelijk heeft. Zulke debatten kennen geen eind, want dat is er niet. Dat zou er wel kunnen zijn als de ander ook voor een echte zakelijke benadering zou kiezen, zonder al die gevoelsargumentatie. Wat daartegen doen? Maak op een vriendelijke en tegelijk stevige manier duidelijk waar u staat. Houd het bij korte verklaringen. U hoeft geen rekenschap af te leggen, u hoeft geen bewijsvoering toe te passen. Laat u niet in de val van het redetwisten lokken. Als het om rationele zaken gaat is de perfectionist toch steeds in het voordeel. Maar u moet er op uw beurt wel voor waken uw partner niet in een debat over principes te lokken. De concessie die u daarmee wellicht hoopt te krijgen, de opheldering rond de vraag waar het hem nou echt om gaat, zal hij u toch niet geven.

Zie af van druk en dwang

Voor u naar het uiterste drukmiddel grijpt, om daarmee veranderingen, resultaten of beslissingen te forceren, moet u eerst nog even denken aan de psychische aspecten in houding en gedrag van de perfectionist. Die vaak zo opvallende houding toont hij voornamelijk om zijn angst te beteugelen voor wat u van hem verlangt. Als u probeert dat gedrag in te tomen neemt zijn angst toe en zal hij zich nog sterker in zijn methoden vastbijten. Wat naar buiten lijkt op stijfkoppigheid, tegenstand of eigenzinnigheid is innerlijk niet anders dan een paniekreactie uit hulpeloosheid. Wees daarom zeer behoedzaam in het toepassen van drukmiddelen. Het is beter als u uw partner de ruimte en gelegenheid geeft om zelf te beslissen. Dat vermindert zijn angstgevoelens. Hij is dan degene die de situatie kan beheersen en controleren en niet u. En dat brengt u op uw beurt weer dichter bij het beoogde doel.

Elke verandering is een reusachtige prestatie
U hebt misschien gehoopt op snel resultaat en een echte doorbraak. U kunt maar niet wennen aan het feit dat u slechts kleine stapjes kunt zetten op de weg naar verandering. Voor u begint uw ontevredenheid daarover op de perfectionist af te reageren moet u aan het volgende denken. Handelingen die u en anderen uit een soort vanzelfsprekendheid verrichten, kunnen voor een perfectionist een zware opgave zijn. U mag niet onderschatten hoeveel geestelijke energie het kost om af te zien van al die handelingen en gedragingen die steun en zekerheid geven. Daarvan afzien betekent voor de perfectionist immers dat de angstgevoelens weer toenemen. Als die angst te groot en onbeheersbaar wordt zakt de bereidheid om te veranderen tot het nulpunt. Ook hier geldt weer een zelfde uitgangspunt. Wat voor u de eerste en logische stap is naar de oplossing van het probleem, ziet en ervaart de perfectionist als contraproductief.

Veranderingen komen stapje voor stapje
U moet zo realistisch mogelijk blijven en niet vervallen in het alles-of-nietsdenken van uw partner de perfectionist. Uw doel kan niet zijn de perfectionist geheel te genezen. Het gaat er eerder om een paar mindere persoonlijkheidskenmerken voor de omgeving zo draaglijk en acceptabel mogelijk te maken. Ga er niet toe over zelf hoge eisen te stellen en probeer niet zelf controle en macht uit te oefenen. Laat hem zijn leven zoveel mogelijk zelf inrichten, zeker op al die terreinen die niet direct met u te maken hebben. En dat zijn er nogal wat, als u tenminste bereid bent uw partner serieus te nemen. In alle andere gevallen houdt u zich bij wrijvingen en spanningen aan een soort wapenstilstand. En bedenk steeds dat ook u niet de absolute wijsheid of het beste systeem in pacht hebt.

Hoe u met een perfectionist kunt (over)leven

Bepaal uw grenzen, ook ten aanzien van uw gevoelsleven
Bij deze aanwijzingen gaat het om het bewaren en versterken van uw autonomie en uw zeggenschap. Misschien bent u in een relatie beland waarin u juist de (schijnbare) zekerheid en superioriteit, de (vluchtige) competentie en de onfeilbaarheid aantrekkelijk leek. Misschien hebt u er daarom nog geen probleem mee gehad u te laten controleren en sturen. Op den duur zult u dat echter als verstikkend gaan ervaren.
Om met een perfectionist te kunnen overleven moet u uw intellectuele, emotionele en wilskrachtige mogelijkheden ontwikkelen. Dat is belangrijk, omdat het om uzelf gaat. Als partner van een perfectionist staat u voortdurend onder druk. Verwachtingen, verlangens, eisen, kritiek en machtsspelletjes zorgen ervoor dat u zich op den duur minder vrij zult voelen. Ze maken u dan tot wat uw partner graag wil dat u bent, een ongevaarlijk instrument om zijn emotionele behoeften te bevredigen.
En dat is nou precies de gevaarlijke valkuil waar u niet in moet tuimelen. Daarom de volgende opmerking.

Waak voor afhankelijkheid
Afhankelijkheid ervaart de perfectionistische partner sterk als een vorm van druk of van vastklampen. En daarop reageert hij allergisch. Hij voelt zich dan bedreigd in zijn onafhankelijkheid. Hij voelt zich beperkt in z'n mogelijkheden en ook onder druk gezet door uw behoefte zich aan hem vast te klampen. In zo'n situatie heeft hij de neiging op de vlucht te slaan. Hoe onafhankelijker en zelfstandiger u opereert, des te groter wordt de bewegingsruimte van uw partner. Die voelt zich vrijer en hij ervaart dat zijn onafhankelijkheid niet wordt aan-

getast. En dus zal hij de relatie aantrekkelijk blijven vinden. Als er al aanleiding is om uw partner dankbaar te zijn dan juist op dit punt. Want door uw gedrag gaat hij meer eisen aan u stellen, spreekt hij u aan op uw eigen kracht en uw ontwikkelingsmogelijkheden, meer nog dan anderen doen. Hij dwingt u als het ware steeds zelfstandiger te worden, zodat u overeind kunt blijven. Misschien was dat in een minder veeleisende relatie moeilijker geweest. Had u dus toch een perfectionist nodig om mee samen te leven?

Laat u niet beperken in uw mogelijkheden om te veranderen
Er is een functie die u van uw partner kunt overnemen, waarmee u hem goed kunt helpen en ondersteunen. Dat is de voorbeeldwerking. We weten dat de perfectionist uit angst overvraagd te worden zich afsluit voor veranderingen. Dat hij bang is door veranderingen het ergste rampscenario over zich af te roepen. Probeer door uw voorbeeld te laten zien dat zoiets niet altijd het geval is. U kunt veranderingen in gang zetten. Vraag van uw partner niet dat hij daaraan van harte gaat meedoen. Wat u wel kunt doen is hem duidelijk maken dat hij u niet in dat veranderingsproces moet afremmen of tegenhouden.

Blijf eerlijk, open en berekenbaar
U kent inmiddels de fatale uitwerking van het alles-of-niets-denken. Een kleine, een onbelangrijke, maar o zo menselijke onoprechtheid doet in de ogen van de perfectionistische partner de fundamenten van de relatie schudden. Die waren naar zijn oordeel toch al zwak en instabiel. Voor de perfectionist geldt: 'Eens gelogen, altijd een leugenaar. En wie eens gelogen heeft, die kan ik nooit meer vertrouwen en geloven, ook al spreekt hij de waarheid.'

Met name de openheid naar uw partner is een zware opgave. Door zijn neiging om overal bedrog te bespeuren wekt hij juist doofpotgedrag en verhulling in de hand Geef aan die verleiding niet toe. Als u de relatie goed wilt houden moet u oprecht blijven. Speel open kaart, leg uit hoe u dingen wilt aanpakken, wat u wilt ondernemen. Geef uw mening, leg uw plannen, bedoelingen en voornemens op tafel. Uw partner kan uw gedrag dan goed op waarde schatten, u blijft voor hem berekenbaar. Zijn angst om het overzicht te verliezen, of dat de zaak hem uit de hand loopt, wordt minder. Hij hoeft dan minder bemoeizuchtig te zijn en minder controle over uw doen en laten uit te oefenen.

Zoek een basis voor intimiteit, samenzijn en vertrouwen die niet door het perfectionisme van de partner wordt beïnvloed
Perfectionisme kent vele facetten. Gelukkig maar. De echte perfectionist bestaat alleen maar op papier. De mens heeft naast zijn perfectionistische kenmerken nog heel veel andere eigenschappen, maar die worden vaak naar de achtergrond gedrongen. Misschien bent u al te veel gefocust op die opvallende kanten in zijn persoonlijkheid en zijn gedragingen. Probeer u eens bewust te richten op andere eigenschappen die hij heeft. Eigenschappen die u bewondert of die u in hem aantrekken. Zijn gevoel voor humor bijvoorbeeld, de gave om dingen snel te begrijpen, om zaken snel te doorzien. Wie gewend is zaken tot op de bodem uit te zoeken heeft meer en interessantere verhalen dan anderen.
Geef eens wat meer aandacht aan de gewone trekjes in zijn gedrag en omgangsvormen. Doe mee met zijn liefhebberijen, neem weer eens activiteiten op die u gewend was samen te doen. En zoek vooral naar de goede dingen die u in het begin van de relatie samen gedeeld hebt.

Straal voortdurend warmte en positieve gevoelens uit
Het gevaar van het perfectionisme is dat mensen er door
worden aangestoken, dat het beslag op hen legt, dat ze
worden ingepalmd. Daarom ook is het zo belangrijk grenzen
te trekken en uw onafhankelijkheid te bewaren. Laat u zich
alstublieft niet door de emotioneel koele en beheerste
uitstraling van de perfectionist beïnvloeden. En laat u niet
besmetten door zijn uiterlijke vreugdeloosheid. Ook in dat
opzicht hebt u een voorbeeldfunctie. Koester uw warmte en
uw spontane gevoelens. Reageer alstublieft niet eveneens
gekwetst en geïrriteerd. Laat in uw gedrag hartelijkheid de
boventoon voeren. Laat zien dat hartelijkheid aanstekelijk
werkt en goed kan doen.
Ik hoop dat u zich door mijn volgende opmerking niet al te
zeer gegriefd zult voelen. Ik wil u adviseren voor de verster-
king van uw emotionele kant, voor het voeden van uw
warmte, plezier en spontaniteit, ook te putten uit andere
bronnen dan uw relatie. Die zal niet voldoen aan de eisen die
u er voor ontplooiing van uw gevoelsleven aan stelt. Dat
hoeft ook niet. Geen partner voldoet aan alle wensen en
behoeften. Zoek dus zonder u schuldig te voelen andere
bronnen, zoals mensen, hobby's, activiteiten, gebeurtenissen.
Doe aan alles mee wat u plezier, onbezorgdheid, ontspanning
en levensvreugde verschaft. Zo doet u niet alleen zelf de
nodige positieve krachten op, het werkt ook ontspannend in
de relatie. Maar u moet uw partner daarover wel informeren,
hem erbij betrekken. Maak hem in het kader van de zo
noodzakelijke openheid en eerlijkheid duidelijk dat u die
externe bronnen nodig hebt.

Neem in de omgang ook de volgende gedragsregels ter harte:
– Vermijd een machtsstrijd waarin u zelf voortdurende be-

moeienis claimt of beslissingen wilt afdwingen. Als u ruimte geeft zult u resultaat zien.
- Reken niet op schuldgevoelens bij uw partner. Wie meent goed te handelen denkt immers niet aan schuld.
- Discussies over gelijk of ongelijk leiden er meestal toe dat u in het ongelijk wordt gesteld. Leer dus goed omgaan met het gegeven dat u regelmatig de schuld zult krijgen.
- Zoek naar een modus vivendi, een soort 'schikking tussen twee strijdende partijen'. Hoe kunnen we het beste met elkaar overweg, hoe voorkomen we dat we langs elkaar heen praten. Hoe kunnen we constructief en op gelijke voet met elkaar omgaan en samenwerken?
- Leer denken in principes en systemen. Laat uw partner zíjn systeem, maar vraag van hem ook respect voor úw systeem.

Wat niet alleen perfectionisten nodig hebben: een menselijke samenleving

Om menselijk gedrag te veranderen, geestelijke nood te lenigen, tekortkomingen te repareren, meer kwaliteit en plezier aan het bestaan te geven, kent de psychologie twee favoriete methoden. Allereerst die waarin de individuele persoon via therapie bewust wordt gemaakt van zijn eigen gevoelens, gedachten, karakter en mentale instelling. Via die therapie wordt hij zich bewust van de samenhang in die factoren en wordt hem geleerd er zó mee om te gaan, dat hij zelf zijn gedrag kan veranderen.
Maar er is ook de tweede manier, waarin de omgeving van het individu betrokken wordt, waarin de samenhang tussen zijn eigen gedrag en de van buiten komende factoren, name-

lijk het gedrag van anderen in zijn omgeving, systematisch wordt ontrafeld en geanalyseerd, waarna een behandeling op basis van die analyse kan volgen. Twee methoden dus, één op basis van de vraag hoe de mens zelf in elkaar zit en één waarin zijn omgeving een rol speelt.

Er is nog een derde invalshoek: de samenleving, de maatschappelijke aspecten.

De leefsituatie van een persoon bestaat niet alleen uit de directe omgeving als gezin, familie, werk- en vriendenkring. Er zijn ook andere belangrijke invloeden en factoren, die niet over het hoofd gezien moeten worden. We moeten naar mijn oordeel ook de sociologische en politieke factoren laten meewegen. Het is niet voldoende voortdurend het privé-systeem van een mens te analyseren, reparaties bij hem alleen te verrichten en andere belangrijke oorzaken van de problemen ongemoeid te laten.

Zijn wij wel zo gelukkig met het systeem waarin kinderen, die op grond van hoge prestatie-eisen symptomen van stress vertonen, kalmeringstabletten krijgen voorgeschreven en ontspannings-, concentratie- en meditatietrainingen moeten volgen, en vervolgens ook nog eens gesprekken met de ouders gevoerd moeten worden? Moet niet het opvoedingssysteem zelf in therapie, als het voortdurend gestresste en overspannen scholieren produceert?

Daarom moeten we ons voor wat het perfectionisme betreft niet beperken tot al die vriendelijke, bevrijdende en corrigerende aanwijzingen voor de perfectionistische mensen en hun omgeving.

Perfectionisten kunnen een vruchtbare bodem zijn. De zaadkorrels die daarin moeten ontkiemen en tot wasdom komen, moeten echter niet alleen gezaaid door de directe omgeving. Ook maatschappelijke, politieke en economische ontwikkelingen moeten als zaaiers fungeren. Ik heb geprobeerd duidelijk te maken dat menselijk perfectionisme ook een reactie op de economische optimalisering en maximalisering is. En daarom zou ik graag zien dat er in de samenleving ook vraag blijft naar en ruimte komt voor andere menselijke normen en waarden.

Naast het perfectionistische prestatieprobleem hoort de vraag naar een individuele arbeidsethiek.

- Welk werk zien we als echte prestatiebron en waarom?
- Waarin ligt de waarde van een mens, naast zijn arbeidsprestatie?
- Wat zou menselijke arbeid kunnen behelzen?
- Waaruit bestaan mensvriendelijke arbeidsvoorwaarden?
- Wat kan van een mens kwalitatief en kwantitatief gevraagd worden?
- Tot welke grens is de eis naar prestatie bevorderlijk voor de ontwikkeling van de mens, en waar wordt ze tot overvraging?
- Mag de afhankelijkheid van werk en prestatie, om zich te verzekeren van een bestaan, de persoonlijkheid aantasten of schaden?

De perfectionist wil steeds beter worden. Niet alleen om zich daardoor zekerder te voelen, maar ook om aan de voortdurende eisen tegemoet te komen. Hij wil steeds beter worden, ook en vooral in vergelijking met anderen. Perfectionisme gedijt derhalve goed in een klimaat van concurrentie, competitie en strijd. Waar perfectionisten overheersen is weinig tolerantie, acceptatie en solidariteit te vinden. Daarom ook de volgende sociale en ethische vragen.

- Welk sociaal klimaat heeft een mens nodig om geestelijk gezond te blijven?

- Wat zijn we aan een ander in de onderlinge relatie verplicht?
- Wat mis ik sociaal en hoe probeer ik dat verlies te compenseren?
- Wat vind ik sociaal belangrijk en hoe probeer ik die waarden door te geven?
- Wat zijn onze criteria voor sociale acceptatie of verwerping?
- Waar, wanneer en waarin verlang ik een sfeer van acceptatie en solidariteit?

Perfectionisme negeert grenzen en wil het onmogelijke mogelijk maken. Het gaat daarom ook om de vragen over de grenzen van de mens.
- In welke verhouding staan menselijke waarde en menselijke beperking tot elkaar?
- Hoe reageren mijn medemensen als ik hen in lichamelijk, geestelijk en psychisch opzicht beperkingen opleg?
- Hoe reageer ik daar weer op. Kan ik punten en komma's zetten?

Perfectionisme wil alles, én alles ook tegelijk. Het is een soort personele unie met als kenmerk een zware overvraging van rollen en van mensen. Die niet menselijke overvraging moet verlicht, de lasten moeten beter verdeeld worden. Een vorm van menselijkheid zou zijn de eisen die we aan het individu stellen te verlagen en bovendien per persoon weer anders te formuleren. Menselijke motto's luiden:
- Ik ben niet alles.
- Ik kan niet alles.
- Andere mensen mogen wel iets van me overnemen.

Een menselijker samenleving geeft ieder de gelegenheid zich in een sfeer van respect, acceptatie en solidariteit zo goed mogelijk te ontplooien.

De sociale acceptatie wordt echter niet alleen bepaald door het voldoen aan de eisen die worden gesteld voor prestatie en gedrag. Mensen moeten niet worden gezien als prestatie-dieren, vrouwen en mannen niet uitsluitend beoordeeld op hun sekse of hun status, maar beschouwd als individuen met hun eigen visie, ontwikkelingsmogelijkheden en wensen, die zonder voorbehoud moeten kunnen worden geaccepteerd. Daarmee zou aan het perfectionisme een flink stuk vruchtbare bodem ontnomen worden.